文春文庫

鈴木亜久里の挫折

Ｆ１チーム破綻の真実

赤井邦彦

JN282234

文藝春秋

鈴木亜久里の挫折

F1チーム破綻の真実

目次

はじめに

鈴木亜久里の夢は叶《かな》い、そして潰《つい》えた。夢は見るものであり、現実となると後は消えるのみだ。

鈴木亜久里の夢は、自ら主宰するF1チームの立ち上げだった。たとえそれが短い命であったとしても。

鈴木は一九八八年、二十八歳でF1グランプリにデビューした。九〇年にローラ・ランボルギーニを駆って日本GPで三位表彰台に上ったのが最高位。九五年の日本GPを最後にF1マシンから降りた。足かけ八年のF1ドライバー生活に未練はなかった。彼は常に前を向いて生きてきた。F1のコクピットを降りると、今度はステアリングをブリーフケースに持ち替えてビジネスの世界に飛び込んだ。自ら興したレーシングチームの運営に乗り出したのだ。それから二年後、このチームは、自動車用品販売大手オートバックスの支援を受けて、ARTA（オートバックス・レーシング・チーム・アグリ）と名乗った。活動の舞台は日本はもとより、アメリカのインディカーシリーズなど、広範囲にわたった。しかし、鈴木がARTAの活動で最も大切にしたのは、子供たちに向けて門戸を開いているカートプロジェクトだった。

「ヨーロッパでレースを戦って、ドライバーの経験の差に愕然《がくぜん》とした」と、鈴木は振り返った。「F1にやってきたドライバーはもちろんのこと、F3を戦うドライバーだってもう何年ものレース経験がある。みんな、小さい子供の頃からカートレースに参加して、腕を磨いてきているんだ。日本からセナやシューマッハーといったトップドライバーを送りだそうと思ったら、子供の頃からレースの経験を積ませなければと思ったんだ」

我が国のモータースポーツは、ホンダ、トヨタ、日産といった巨大自動車メーカーの存在ばかりが目立ち、ドライバーという個人の存在が忘れられていると、鈴木は世界に出て行って感じていた。それはまさしく日本という国の姿に重なった。惜しみない財政支援や技術供与を世界に向けて発信しこそすれ、人という財産の提供は稀である。顔の見える人間の存在が欠けている。それが、残念ながら日本という国の世界に対する姿勢だった。この姿勢は、平等こそ民主主義と謳《うた》った戦後教育が見落とした、最も大きな欠落点ではなかったか。鈴木はF1グランプリに参加することで世界に出て行って、まさしくその壁に突き当たった。F1グランプリの世界ではホンダが技術力で世界制覇を成し遂げてはいたが、それを操って勝利を挙げるのはフランス人やイギリス人、ブラジル人といったドライバーだったのだ。そこには日本人の顔はなかった。

鈴木はモータースポーツの世界でも顔の見える日本人の存在を強く願った。自らもその一翼を担ってきたが、残念ながら世界トップクラスの才能には太刀打ちできなかった。そこで、限界を感じてF1から引退したとき、世界に通用する日本人ドライバーを育てることが自分に与えられた使命だと認識したのだ。子供たちを集めてカートプロジェクトに力を注いだのは、そうした気持ちがあったからだ。世界に通用する才能を育てるには、とにかく若いうちから特別な教育を受けさせるべきだと痛感したのだ。ＡＲＴＡカートプロジェクトはその夢の第一歩だった。現在では、そこから育っていった何人かのドライバーが、世界を舞台にＦ１グランプリに向けて活動している。

こうした下地を作りながら、鈴木は同時に国内外のトップカテゴリーのレースに自らのチームを参戦させた。そして、そこには必ず日本人ドライバーを起用した。それは、カートプロジェクトで腕を磨く子供たちに夢を与えるためだった。努力すれば自分たちも世界に出て行くことができる、という希望を持って努力させる目標として、ＡＲＴＡカートプロジェクトの卒業生や自動車メーカーが運営するレーシングスクールの卒業生を起用、手の届く目標として置いたのだ。

こうした活動と並行して、鈴木は自らの夢に向けて準備をしていた。その夢とは、Ｆ１チームの創設だった。Ｆ１ドライバーから足を洗ったとき、彼は三十五歳になっていた。スポーツ選手として活動するには年齢的に限界に達していたが、ビジネスを始める年齢としてはまだ余裕があった。そこで、鈴木は生来の夢であるＦ１チームの創設を真剣に考えたのだ。そして、目標を四十五歳に置いた。四十五歳になったらＦ１チームを興そうと決めたのだ。

「僕は、四十五歳になったらF1チームを興すことを決めた。そう自分に言い続けてきた。最初は無理かと思ったが、すこしずつ夢に向けて準備が出来てきた。夢は見続けると叶うものなんだ」

これが、鈴木亜久里がF1チームを興した純粋な理由である。だが、それだけではなかった。彼はこうも言う。

「僕がF1チームを立ち上げることで、そこに二つのシートが出来る。そのシートには日本人ドライバーを乗せることも可能になる。つまり、日本人ドライバーがF1グランプリに進出できる可能性が非常に高くなるということに他ならない。これは、ARTAをはじめとしてカートをやっている子供たちにも、頑張ればF1に行けるんだという希望を与えることになる。そうした子供たちのためにも、必ずF1チームを興してやろうという気持ちになった。彼らの夢と僕の夢がそこで一緒になるんだ」

こうして生まれたのがスーパーアグリF1チームである。

二〇〇五年十一月一日午前。日本国内にある報道関係の各社、自動車関係ジャーナリストのもとに一つのファックスが飛び込んできた。送り主は鈴木亜久里が役員を務めるエー・カンパニー。そのファックスには、当日午後、東京・南青山にある本田技研工業本社でF1グランプリ参戦に関する発表を行うので、万障繰り合わせの上出席されたし、という文面が躍っていた。このファックスにメディアは色めき立った。

会場の一階ウエルカムホールは瞬く間に百名を超える報道陣で埋まった。壇上には脚の長い椅子が一脚置かれただけ。ステージの背後のスクリーンには「SUPER AGURI FORMULA 1」と大きな文字が並ぶが、それ以外は何もない実に殺風景な光景だった。鈴木亜久里はゆっくりと壇上に進み、その椅子に尻半分を載せ、片方の足を床に、もう一方の足は椅子の足置きに掛けて、切り出した。

「我々は、二〇〇六年F1世界選手権にスーパーアグリF1チームという名前でエントリーの申請をしました。ホンダの絶大な協力があって可能になった。今日も、ホンダ本社をお借りして発表できたことは喜びに堪えません」

しかし、それ以上の内容は明らかにされないままだった。F1チーム設立の理由を聞いても、鈴木は「四十五歳になったらやろうと思っていた」と、夢の実現を語るだけだった。スポンサーをはじめとする具体的な詳細に関しては後日発表しますと会見は打ち切られた。実は、この時期の発表、そしてこの寂しい発表の裏に、鈴木亜久里の苦悩が隠されていた。だが、その苦悩は鈴木が自ら買って出たものだった。それゆえ、なんとしてもこのプロジェクトは成功させなければならなかった。

だが、現実ははなはだ難しいものがあった。発表を行った二〇〇五年十一月一日の時点で鈴木亜久里が確実に手中にしていたのは、彼が信じ、彼を信じる限られた数名のスタッフと、そのスタッフに頼るネットワークだけだった。F1グランプリ参戦の前線基地にはイギリス・リーフィールドにある元アロウズの工場を使用することが決まっていたが、その工場とて所有者であるメナードというアメリカの会社からの賃貸物件だった。エンジンとギヤボックスはホンダからの提供が決まっていたが、それらを搭載する肝心のシャシー（車体）は、四年前にレースを走ったアロウズA23というクルマを改良して使用することになっていた。これは、過去二年間に他チームが使用したクルマを譲り受けて使用してはならないというコンコルド協定によって、本来ホンダのシャシーを使用させてもらえるはずだったプランがご破算になったからだ。

なかでも鈴木が最も頭を悩ませていたのが資金不足だった。これは深刻な問題だった。まず、F1グランプリへのエントリーに必要な供託金の準備が出来ていなかった。この供託金は、F1グランプリへの参加を表明しながら寸前で取り消す例が頻繁に起こった二〇〇一年、F1のステータスが失われることを恐れてFIA（国際自動車連盟）が設けた制度だ。その額四千八百万ドル。邦貨に換算して約五十八億円（当時）にも上る額のお金を、F1グランプリ参戦への保証金として積まなければならない。実際に参戦が始まると一ヶ月ごとに返済されるが、何はともあれ五十八億円は最初に必要なお金だった。

実を言えば、鈴木がF1チームを立ち上げようとするとき、この供託金を含めて活動にかかる全般的な経費を保証してくれる人物がいた。その人物に関しては後の章で説明するが、そもそも鈴木がF1チームを興そうと思ったのは、その人の協力が取り付けられたからであり、いかに冒険が好きな亜久里とても素手でF1に挑めるとは思っていなかった。ところが、話が進むうちにその人物はビジネスに失敗し、鈴木のために用立てる資金は一銭も用意されていない状態に陥った。鈴木はその時点で動き始めたプロジェクトに対してストップを掛けるべきだったのかも知れない。しかし、鈴木は計画を推し進めた。なぜなら、彼のところには次から次に資金提供を申し出る者があったからだ。加えて、電通という世界屈指の広告代理店が、エー・カンパニーと協力してスポンサー探しに奔走してくれていた。この力強い味方を持つことによって、鈴木は彼のＦ１チーム設立とＦ１グランプリ活動は必ず可能になると読んでいたのだ。

だが、ことは思うように運ばなかった。言い寄ってくる資金提供者はどこも実体のない虚業であったし、電通との営業活動もスポンサー獲得の糸口を見つけられないでいた。迫ってくるのは、エントリー締め切りの十一月十五日という日付だけだった。イギリスの工場では従業員のリクルートが行われ、クルマ作りが進んでいた。毎日、多額の経費が出ていった。その苦しい時期の鈴木を支えたのは、「なんとしても夢を叶えてやる」という、彼の強固な意志だけだったかも知れない。

「毎日が地獄のような日々だった」という鈴木。しかし、彼はこの最初の難関を突破した。その詳細は後の章に詳しく書いたのでそちらに任せるが、これほどまでにドラマティックな出来事が実際にあるのだろうか、と私は目を、耳を疑ったほどである。とにかく鈴木は最初の難関を突破して、二〇〇六年のＦ１グランプリ開幕戦、バーレーンＧＰのグリッドに二台のクルマを並べたのだ。それは鈴木亜久里本人にとって、また日本のモータースポーツ界全体にとって、忘れられない価値ある瞬間だったといえるだろう。

あれから二年半の月日が流れた。F1グランプリは相変わらず世界中を転戦し、数多くのファンの注目を集め続けるが、一つ残念なことがある。そのF1チームの集団の中に、いま、鈴木亜久里率いるスーパーアグリF1チームの存在を見つけることが出来ないのだ。スーパーアグリF1チームは、二年と少しのレースを戦って、矢尽きて消滅したのである。

本書は、鈴木亜久里という男が夢を追い、スーパーアグリF1チームを興し、世界トップの強豪を相手に奮闘し、無念にも資金不足から活動を断念しなければならなかったところまでの軌跡を、丹念に記すことに努力した。鈴木に話を聞きながら、感動を抑えられない場面もあったし、その行動に疑問を抱いたこともあった。だが、誰が彼の行動をとやかく言う権利があるだろう。誰が、彼と同じような決断を下し、行動をとることが出来ただろう。そう考えると、鈴木亜久里が苦闘した二年半という月日は、彼にとってもこれ以上の貴重な経験は得られない、濃密な時間だったということになる。

鈴木亜久里のF1グランプリ挑戦は、新しいビジネスの企業ストーリーであり、異文化の衝突にみる戦いであり、お金という魔物に振り回された挫折の物語でもある。読者の皆さんにはどんな読み方をしていただいても構わない。そこに、鈴木亜久里という一人の男が、いかにして夢を叶える努力をし、実際にそれを成し遂げ、そして敗れていったかを読み取っていただければ満足だ。もちろん、彼は挫折したが、その過程は壮絶な戦いであり、誰もが出来る戦いではなかった。鈴木亜久里にしか出来なかった戦いだったといえるだろう。

鈴木亜久里は、おそらく近い将来、再び蘇って我々を驚かすに違いない。

CHAPTER

1

鈴木亜久里はなぜF1チームを立ち上げたのか？

夢は荒れ野を駆け巡る

二〇〇五年二月のある寒い日、鈴木亜久里は自分の会社、エー・カンパニーのある南青山四丁目から徒歩で十分足らずのところにある本田技研工業本社に出向いて、執行役員でホンダのモータースポーツ活動を取りまとめる広報部長・大島裕志、モータースポーツ部長・数佐明男、HRD（ホンダ・レーシング・ディベロップメント）社長・和田康裕（いずれも当時）に会って、ある提案をした。それは大胆な提案だったが、鈴木は覚悟を決めて話を切り出した。

「ホンダF1チームの共同オーナーにしてもらえませんか？ ホンダ、佐藤琢磨、そして私が手を組んで日本色を前面に押し出したチームを作りませんか？」

ホンダにとればそれは腰を抜かすような提案だったが、鈴木は真剣だった。彼が話したことの詳細は次のようなものだった。当時ホンダが四五％を所有していたブリティッシュ・アメリカン・レーシング（B・A・R）の残り五五％の株の全部、あるいは一部を買い取りたい。そして新生チームの共同オーナーになり、ホンダと一緒にF1グランプリを戦いたい。日本におけるプロモーションやスポンサー活動はエー・カンパニーが一手に引き受ける。ホンダは特に技術部分を受け持ってほしい——。この唐突な申し出に最初はホンダも驚きを隠せなかったが、鈴木の熱心さと彼が描いたプランが非常に具体的なものだったので、真剣に耳を傾けるようになった。

鈴木がこの大胆な提案をしたのには、それなりの理由があった。実は鈴木は四十五歳になったら自らＦ１チームを興してＦ１グランプリに挑戦しようと考えていた。これまで日本国内のレースはもとより、アメリカのオープンホイールの最高峰レースであるＩＲＬ（インディカーシリーズ）に参戦してきたが、やはりモータースポーツ最高峰のＦ１グランプリを戦ってこそこれまでレースをやってきた証《あかし》になると考えたからだ。どうせやるなら最高峰を極めなければ満足できない。

申し出が絵空事ではない証拠として、鈴木はディレクシブという会社を経営する秋山新がＦ１ビジネスに興味を持ち、鈴木のＦ１グランプリ挑戦を支援したいと申し出ていることを大島に伝えた。秋山の会社の提供する資金でＢ・Ａ・Ｒの残り五五％の株式は無理なく買い取ることが出来る、という話だった。

ディレクシブはレース界では知られた名前だった。ＧＰ２レースで有力チームやドライバーを支援していたし、日本国内でもレース活動を展開していた。それより何より、実際、マクラーレンの第二チームとしてＦ１グランプリに打って出たい夢さえ持っていた。実際、マクラーレンと話し合いを持ち、マクラーレンの旧ファクトリーを購入したとも言われていた。しかし、同社の実体は闇の中だった。代表の秋山はモナコに住んでいるという以外、なにも明らかにされていなかった。

しかし、鈴木にとれば資金の出所はどこでも良かった。とにかくＦ１グランプリに打って出るという夢が叶うなら、という気持ちがあった。そこで、大胆にもホンダに共同オーナーの打診をしたのだ。鈴木とホンダはこの最初の話し合いを持って以来、何度も膝をつき合わせて検討を重ねた。ホンダは第三期F1グランプリ参戦を二〇〇〇年に始めて以来、紆余曲折を経ながらも、ブリティッシュ・アメリカン・タバコ（BAT）の持つB・A・R株を四五％まで買い増しして、独自チームの設立に少しずつ近づいていた。そもそも第三期参戦はホンダの独自チームとして活動を始める予定だっただけに、様々な要素が絡み合ってそれを断念しなければならなかった時には、第三期参戦計画を白紙にすることまで検討されていたと言われる。

ただ、この展開にはひとつ疑問が残った。それは、BATがB・A・Rの残りの株式五五％を売る用意があるのかどうか、という点だった。もしそれがあるなら、ホンダが四五％を買収した時にどうして残り五五％も売らなかったのか。実はBATはタバコ広告が禁止になっても、フィリップモリスが「マールボロ」のロゴを出すことなくフェラーリの支援を続けようとしていたように、B・A・Rを支援し続けたいのではないか、という憶測が流れたことがあった。だが、実際にはBATはB・A・R株をすべて売り払ってF1から手を引く計画を練っていた。ホンダが四五％の株を買いとった時、残りの五五％も引き受けてもらえないかとアプローチをしていたのだ。ホンダは前向きな返事はしたが、一度に一〇〇％を買収するのは無理という返事をしている。

鈴木はホンダにアプローチすることで、BATが所有するB・A・Rの残り株を売りたがっていることを知った。そこで更にホンダと詳細な詰めを行うのだが、最初は前向きだったホンダも、結局鈴木の提案を受け入れることをしなかった。理由は、グローバル企業としてのホンダのＦ１グランプリ活動は日本国内の予算だけで行われているのではなく、全世界ネットワークの国際プロジェクトとして行われており、そのプロジェクトを鈴木の個人名を付けるような活動にすることは出来なかったからだ。ワールドワイドな観点に立って行っているＦ１グランプリ活動で、いかにホンダが日本の企業であるとはいえ、あまりに強い〝日本色〟を振りかざすことは出来ない、というのがその理由だった。ましてや個人名が付くことなどもっての他だった。

ホンダから鈴木のもとへ返事が来たのが二〇〇五年七月。ホンダの決定によって鈴木亜久里の夢は荒野にぽつんと置き去りにされてしまった。

ところが、ちょうどその頃鈴木にも異変が起こっていた。資金提供を申し出ていたディレクシブが、ホンダから断りが入る時期と前後して資金提供の話を取り下げていたのだ。実は、ディレクシブはその時ほとんどの活動資金を食いつぶしていたのだ。ＧＰ２ドライバーへの支援や日本国内のレース活動も、二〇〇六年一杯続けられるかどうかさえ見当がつかない状態だった。つまり、二〇〇五年七月の時点で鈴木亜久里のＦ１グランプリ計画は白紙に戻っていたということだ。

だが、話はここで終わらなかった。ホンダのＦ１前線基地であるＨＲＤの和田社長が興味ある提案をした。

「ミナルディを買わない？　そうすればホンダはエンジンを提供するよ」

和田が鈴木に対してこう提案したのは、実はホンダにとって鈴木の提案は渡りに船だったからだ。つまり、ホンダは二〇〇五年限りで佐藤琢磨の放出を決めており、彼の居場所を確保しなければならない内情があったのだ。そこに鈴木がF1に進出したい意向を持ってきた。だったら鈴木のチームに佐藤を乗せればいい、という考えだった。だが、鈴木の申し出はF1チームを一緒にやって行きたいというもの。それはホンダとしては無理な注文だったが、支援をすることはやぶさかではない。というより、支援して鈴木には是非独自のチームを走らせてほしかったのだ。そこで和田は聞きかじっていたミナルディ売却の話を鈴木にしたのである。

しかし、鈴木はこの提案に飛びつくことをしなかった。そもそも資金提供者が姿をくらましたこともあり、事実上はミナルディを買収する資金などどこにもなかった。また、もし資金があったとしてもミナルディの財務状況を調べる必要があった。ポール・ストッダートがオーナーになってから少しは状況が改善されたというが、負債がどれだけあるのかも見当がつかなかった。チーム買収を決めてから巨額な負債に泣くようなことはしたくなかった。また、ミナルディの工場は二〇〇七年末までイタリアから動かせなかった。F1をやるならベースはイギリスと決めていた鈴木には、それは決定的な障害になった。そして、調査する過程で、ミナルディにはすでにレッドブルが第二チーム設立のために、元F1ドライバーのゲルハルト・ベルガーを立てて触手を伸ばしていたことが判明した。鈴木は慎重にならざるを得なかった。

鈴木は慎重になったが、Ｆ１チームを持つ夢を捨てたわけではなかった。それは、もし鈴木がチームを興せば佐藤琢磨をドライバーとして獲得できる、という非常に現実的な話が飛び出してきたことにもよる。だから、ホンダとの提携話が消えてからも、鈴木はどうすれば自分のＦ１チームを持つことが出来るか、そればかり考えていた。そして、ホンダとの提携、ミナルディの買収などの選択肢を潰していった後に残った可能性は、独自に新しいチームを立ち上げることだった。鈴木はエー・カンパニーで片腕として働く秋田史《あきたふみと》にこう言った。

「ミナルディは駄目だけど、もうひとつの手としては、独自のチームを作るっていうのもあるね」

秋田は鈴木と十八年間一緒に仕事をしてきたが、今回だけは「えっ！」っと、驚いた。ゼロからＦ１チームを作ることなんか出来るものか。そもそも資金はどこにあるんだ。

実は、鈴木が二〇〇六年からＦ１グランプリに参戦しようと考えた裏には、のっぴきならない事情があった。それは、Ｆ１グランプリに参加できるチームは最大十二チーム・二十四台に限定され、新しくエントリーするには厳しい条件をクリアしなければならなかったのだ。二〇〇五年時点では十チームが参戦中で、残り枠は二チームしかなかった。さらに二〇〇八年以降の参戦には世界レベルでのモータースポーツの活動経験、十分な資金、継続して活動できる裏付け、といった厳しい条件が付き、ＦＩＡ（国際自動車連盟）が審査した結果参戦チームを選択するというものだった。鈴木はこのルールが施行される前、つまり自由にF1にエントリーできる最後のチャンスを逃したくなかったのだ。二〇〇八年以後の参戦に対してFIAが設けた条件は、どれもこれも鈴木にとれば高い壁だった。

「このチャンスを逃すと、僕の夢であるF1チームのオーナーには一生なれないと思った」と、鈴木は述懐する。二〇〇六年からの参戦は絶対だった。

鈴木は、決めたら動くのが早かった。エー・カンパニーを永年一緒にやって来たパートナーの秋田にも知らせず、ヨーロッパの知人に打診して工場の確保などの手を打った。その知り合いとは、イタリア人のダニエル・オーデットである。鈴木とオーデットは、鈴木が現役のF1ドライバーだった時に知り合っている。鈴木がランボルギーニ・エンジンを搭載したラルースF1に乗った時、オーデットはランボルギーニ・エンジンのマネージメントを統括していたのだ。その後も鈴木との接点はあった。エー・カンパニーがアメリカでレース活動をしていた時、カテゴリーこそ違ったが、オーデットはアメリカのレースシリーズのエンジンをトム・ウォーキンショウの会社で扱う仕事をしており、鈴木とたびたび顔を合わせていた。鈴木がコンタクトを取った二〇〇五年当時はイギリスでメナードの仕事をしている。メナードとはアメリカのレースチームで、イギリスへの進出を考えていた。そのメナードが入っていたのが、リーフィールドのウォーキンショウ所有の元アロウズの工場だった。

イタリア人ダニエル・オーデットは、異色の経歴の持ち主だ。ブレラのアカデミー・オブ・モダンアートで現代美術を専攻し、その後ボッコーニ大学で経営学を修得している。モータースポーツ（ラリー）を始めたのは二十四歳の時。その後、フィアット傘下のランチア・チームでルカ・ディ・モンテッツェモロ（現フィアット会長・フェラーリ会長）、サンドロ・ムナーリのコ・ドライバーとして活躍。さらにはディ・モンテッツェモロの後を受けてフェラーリＦ１チームのマネージャーを務め、一九七七年にニキ・ラウダをチャンピオンに就けた。その前年、七六年の大雨の日本ＧＰにも、フェラーリのチームマネージャーとして来日している。

その後、フィアットを辞して独立するも、今度はランボルギーニ・エンジニアリングにリクルートされ、Ｆ１エンジンのマネージメントを行った。鈴木と知り合ったのはこの頃だ。更に流転は続き、一九九六年にはアロウズを率いていたトム・ウォーキンショウに雇われ、二〇〇二年まで働いた。二〇〇三年にはルノーＦ１でエンジン部門コーディネーター。二〇〇四年に元アロウズの工場だったリーフィールド・テクニカルセンターに入ったメナードで働いた。

鈴木はオーデットと話をする過程で、リーフィールド・テクニカルセンターが使用できるかどうか確かめ、独自に立ち上げるＦ１チームのヨーロッパ前線基地として、リーフィールドの工場を借りる算段を立てた。話はスムーズに進んだ。鈴木が独自のＦ１チーム立ち上げに自信を持った背景には、オーデットの存在とリーフィールドの工場があったことは疑いのない事実だ。そこにはレーシングカーを製作する工作機械やカーボンファイバーを焼く電熱窯《がま》、クルマの開発に欠かせない必要な設備のほとんどすべてが揃っていた。

「F1をやるには、工場のファシリティが非常に大切。リーフィールドの工場は使われていないのを知っていたので、ダニエルにそこを使えるかどうか尋ねたんだ。いまイギリスであれ以上の工場を探すのはまず無理だよ」

オーデットは鈴木から連絡を受けて驚いた。遠く日本からの電話でいきなりF1参戦のためのチームを作るので手伝ってくれないかと言われたからだ。モータースポーツの世界に長く関わってきたオーデットは、F1グランプリを戦うことの難しさをよく知っていた。だから鈴木の電話に即答は避けて、一～二日待ってくれと返事をしてその電話を切った。

「無茶苦茶な話だと思った。F1チームを作るなんて、いったい亜久里は何を考えているんだと思った。それも、話が来たのが八月。二〇〇六年の開幕戦まで残された時間は半年しかなかった。しかし、詳しく話を聞いて亜久里の決心に揺るぎがないことを知って、手伝うことに決めたんだ。昔から知っている友人に頼まれて断る奴はいないよ。それが亜久里だからなおさらだ」

鈴木はオーデットと詳細を詰めるために、九月十六日にイギリスに飛んだ。初めてリーフィールドの工場に立ち寄り、そこでオーデットと膝をつき合わせて話し合いを持った。工場の一階には工作機械が白い布に覆われて静かに鎮座していた。

「二〇〇五年の九月十六日だね。そう、この日がスーパーアグリのＦ１プロジェクトの始まりの日だよ」と、鈴木は言う。

それからのオーデットの動きは迅速だった。まず人集めから始めた。豊富な人脈を使い、かつてアロウズで働いていたスタッフに声をかけた。そこで集まったのがケビン・リー、ウェイン・ハンフリーズ、マーク・プレストンだった。鈴木は十六日にリーフィールドの工場を見て一旦帰国、再び二十八日に渡英して、今度はオーデットが集めたスタッフの面接を行った。リー、ハンフリーズ、プレストンの他にグラハム・テイラー、マイケル・アインズリー－カウルショーもいた。その誰もがかつてアロウズで働いていた者ばかり。彼らは再びＦ１チームで働けることに感激していた。それもゼロから立ち上げるプロジェクトでだ。

しかし、すでに九月の末になっていた。二〇〇六年の開幕戦は三月に行われるバーレーンＧＰ。残された時間は余りに少なかった。その日から、リーフィールドの工場は突貫作業で仕事が出来るように整備された。最初に集まったスタッフは、それぞれが担当を持った。リーは工場を含めチーム全体の管理を委《まか》されるチーフオペレーティングオフィサー（ＣＯＯ）、ハンフリーズは財務を担当するチーフファイナンシャルオフィサー（ＣＦＯ）、プレストンはデザイン部を率いるチーフテクニカルオフィサー。オーデットは日本とイギリスを行き来する鈴木の代わりに、リーフィールド・テクニカルセンターを含めてチーム全体を管理するマネージングディレクターというものだった。

「スタッフのリクルートをしながら、工場を稼働させるように整備した。最初に集まってもらったスタッフにそれぞれの仕事を振って、得意分野を任せた。彼らは彼らが必要と思われる人材を集め、全力で仕事にかかってくれた」と、オーデット。

十月に入ると、鈴木は頻繁にリーフィールド・テクニカルセンターに出向いて、主要スタッフとミーティングを行った。早急に決めなければならないのは、二〇〇六年からのF1グランプリ参戦に使用する機材だった。鈴木は独自にチームを立ち上げることを決めてからホンダと会合を持った際、エンジン供給の話と並行してシャシーの使用も打診していた。鈴木の熱意にホンダは二〇〇五年型シャシーの提供を約束、二〇〇六年の鈴木のチームはそのクルマを使用する方向でプログラムを進めた。

十月八日にリーフィールドで行われたミーティングで、鈴木はホンダからのシャシー供与がコンコルド協定に抵触しないことを、リーとハンフリーズの両者の調査から確信した。この結果は鈴木にとって最高の贈り物だった。これで鈴木の夢はまた一歩大きく実現に近づいたように思えた。だが、二十五日に持たれたホンダとのミーティングで、ホンダからシャシーは提供できないとの返事が返ってきた。時間は刻々と過ぎていく中で、この決定は鈴木にまたひとつ解決しなければならない大きな問題を投げかけることになった。

ホンダがシャシーを供与できないとした理由は定かではなかったが、推測するに、ホンダが加盟していたＧＰＭＡ（グランプリ製造者協会）が当時ＦＩＡと揉《も》めており、そんな時期にコンコルド協定に抵触するかも知れない問題を引き起こさなくてもいいのでは、という判断が下された結果ではないかと思われた。もうひとつ噂に上ったのは、ホンダ・レーシングＦ１チームのテクニカルディレクター（二〇〇五年当時）だったジェフ・ウィリスの反対があったから、ということだった。ウィリスにすれば、レースになればライバルチームとなる鈴木のチームにシャシーもエンジンも提供することは、本家本元のチームの存在意義が揺らぐことになるという懸念があったのではないか。

いずれにせよ、現実は厳しいものになった。次の手段を模索することになるのだが、二〇〇六年のＦ１グランプリに参戦するためには十一月十五日の締め切りに間に合うようにＦＩＡに対してエントリーを申し込まなければならず、十月二十六日、スーパーアグリＦ１の名前でエントリーを行った。エントリーは、日本の鈴木の会社エー・カンパニーが日本自動車連盟（ＪＡＦ）を通して行った。それと同時にイギリスにおける会社として、十月三十一日に「スーパーアグリＦ１」の名前で法人登記を行った。所在地はリーフィールド・テクニカルセンターだった。ここに、正式にスーパーアグリＦ１チームが誕生した。

見切り発車

少し時計の針を戻そう。二〇〇五年十月四日。東京・六本木ヒルズに隣接するグランドハイアット東京で行われた日本グランプリ向けのホンダの記者会見の席上、同社の大島裕志モータースポーツ担当執行役員は次のように語った。

「ホンダは二〇〇六年、十一番目のチームにエンジンを供給する用意があります。また、今年限りでホンダを離れる佐藤琢磨選手が、その十一番目のチームからオファーを受けていると聞いています」

数日後に迫った日本グランプリへのホンダの意気込みを聞きに集まったはずだった記者たちは、大島の突然のボーナス発言に一様に色めき立った。十一番目のチームとは何のことか？ それはいったいどこの誰が始めようとしているチームなのか？ 早速十一番目のチーム探しが始まった。ホンダがエンジンを供給するというのだから、他の自動車メーカーの色がついていない人物が始めるチームに違いない。そして、その中に鈴木亜久里の名前が出たことは、当然と言えば当然だった。

鈴木はホンダの記者会見の前日の十月三日、ホンダを訪ねた。そして、ミナルディを買収するより独自にチームを立ち上げてF1プロジェクトを進めたい意向を伝え、エンジン供給などの約束を取り付けてきた。さらに踏み込むと、ホンダのシャシーの提供の確約も取った。鈴木はいよいよ話が具体化するのを肌で感じながら、胸が高鳴るのを覚えた。

この鈴木との話し合いを受けて、翌十月四日に都内のホテルで開いた日本ＧＰ前の会見で、ホンダは大島の口を通して二〇〇六年には十一番目のチームにエンジン供給の準備があることを発表したのだ。もちろんそのチームの正体を明かすことはしなかった。だが、ホンダはこの時一息ついたはずである。それは先のブラジルＧＰで佐藤琢磨の放出を発表して以降、猛烈な数の批判がホンダに届いていたからだ。その批判をかわすには、どこかのチームが琢磨を受け入れてくれることが必要だった。それを鈴木が新チームを立ち上げてやってくれるというのだから、渡りに船だったのだ。

しかし、この時点でも鈴木とホンダの間には、考え方のズレがあった。新チーム立ち上げの資金を一銭も持たない鈴木は、ホンダが資金面でもかなりの支援をしてくれると考えていた。しかし、ホンダには鈴木が新チーム立ち上げに必要な資金は確保して計画を進めているという予測があった。だが、それは共に真実とは違い、両者の楽観的憶測に過ぎなかった。

もちろんエー・カンパニーではそれまでも大手広告会社・電通と手を組んで、スポンサー獲得のための活動は行っていた。しかし、現実には大口スポンサーは見つかっていなかった。そこで、多くの企業が集まる日本ＧＰ（十月七〜九日）で支援をしてくれそうなところとコンタクトを取るべく、鈴鹿サーキットに企画書を持ち込み、集まった企業の担当者に配布した。何社か興味を示した企業もあったが、残念ながら日本GPの週末だけでは確定する話はひとつもなかった。チーム立ち上げの準備は着々と整っていると思っているホンダは、エンジン供給の具体的な話を出してきた。鈴木も秋田も焦っていた。

日本GPが行われている鈴鹿サーキットで、ホンダ首脳陣と雑談をしていたエー・カンパニーの秋田は、ホンダとの話がどうも噛み合わないことに気付いた。ホンダの人は鈴木が十分なチーム立ち上げの資金を持っていると思っている。このまま話を進めると大変なことになると考えた。現実的な話をした方が良いと決め、話を切り出した。

「実は、先日BATの株を買ってもいいというお話をした時のスポンサーの話はもうありません」

それを聞いたホンダ首脳陣は驚いた。秋田は続けた。

「あの時は確かにディレクシブという会社が資金を保証してくれていました。しかし、いまはその話は潰れました。我々は何も持っていません。現在いくつかの企業と話はしていますが、確定したところは一社もありません」

しかし、十月四日にホンダの発表会席上で大島が明らかにしたおかげで、メディアは十一番目のチーム探しに躍起になっていた。もう後には引けない状態になりつつあった。

結局、スポンサーを見つけることが出来ないまま時間は流れ、十月も終わろうとしていた。いくつもの企業と話し、そのうちのいくつかは役員へのプレゼンテーションにまで辿り着いた。だが、結果的には一社も決まらなかった。スポンサーが決まらないことで鈴木が最も頭を悩ませたのは、エントリー時にＦＩＡに支払わなければならない供託金だった。それが支払えなくては、エントリーは受け付けてもらえない。鈴木は頻繁にＦ１を牛耳るバーニー・エクレストンに連絡を取って相談を持ちかけていた。

エクレストンは鈴木に対して非常に好意的だった。早くエントリーをした方がいい、と鈴木に強く勧めた。彼が何を考えてそれほど鈴木にエントリーを勧めたのか知るよしもない。参加チームを増やしたかったのかも知れないし、何か他の理由があったのかも分からない。あるいはうがった見方をすれば、ホンダの第二チームとして鈴木のチームを考えていたのかも知れない。自動車メーカー系チームを増やすことは、エクレストンにとってＦ１の基盤をより強固にすることに他ならないからだ。彼は鈴木に対して供託金の払い込み期限を延ばしてやるから、とにかくエントリーを早くしろと言ってきた。二〇〇五年十月二十六日、エー・カンパニーは二〇〇六年ＦＩＡフォーミュラ１選手権に参戦するために、ＦＩＡに申請を行った。だが、その時には四千八百万ドル（約五十八億円＝当時）の供託金は用意できていなかった。

ところで、新参チームがＦ１グランプリに参戦するにはＦＩＡに供託金を預けなければならないということは知ってはいたが、それが幾らかなどという情報を知る者は、エー・カンパニーには一人もいなかった。鈴木が聞きかじった知識から「二千四百万ドルぐらいじゃないの」と言ったら、その言葉がたちまち真実味を帯びて関係者の間に流れた。「二千四百万ドルぐらいじゃないの」と言った鈴木も、よく言ったものだ。日本円に換算すると約二十九億円にもなる額を、軽く言い放ってしまうのだから。

だが、その時エー・カンパニーにそれだけの資金があったかといえば、なかった。実際には四千八百万ドルもの供託金が必要だったのだが、その時は鈴木の周辺にいる人物は誰も正確な額を知らなかった。その額を知ったのはエントリーを申し込む準備を始めた十月初めで、短期間にそれだけの額の資金を集めるのは大変な作業だった。

ホンダは供託金のことは知っていたが、楽観していた。鈴木が、「ミナルディを買収するより新しいチームを立ち上げた方が良い。活動資金は当てがある」と言ったことで、鈴木は十分な資金を準備できているものと信じていた。しかし、十月初めの時点ですでにディレクシブを失い、それに代わって彼を支援する企業はまだ名乗り出ていなかった。だが、鈴木はへこたれなかった。彼はホンダ、佐藤琢磨、鈴木亜久里という名前があれば日本では必ずスポンサーを集めることが出来、F1参戦は必ずビジネスとして成立すると考えていた。それが、鈴木が長い間夢見てきたF1グランプリ参戦を実現する唯一の手段だった。

だから、エクレストンの勧めにすがるような気持ちで十月二十六日にエントリー申請を出した。供託金なしで申請したのだ。この時、鈴木はエクレストンから供託金は十二月十五日までに支払えばいい、とアドバイスをもらったという。実際には十一月末までしか待ってくれなかったのだから、十二月十五日という日にちをなぜエクレストンが言ってきたのか鈴木にも分からない。しかし、とにかくエントリー申請は済ませた。エントリー名は「スーパーアグリ」だった。するとエクレストンから連絡が入り、Ｆ１を付けろとアドバイスがあった。チーム名にＦ１を付けておくと必ずいいことがある、ということだった。そこで申請書類の提出窓口であるＪＡＦ（日本自動車連盟）に出向いてエントラント・ライセンスを書き直して、十月末にエントリーを出し直した。新しい名前は「スーパーアグリ・フォーミュラ１」となった。その後、正式名称を「スーパーアグリＦ１チーム」として登録した。

ここに来て、鈴木の腹は決まったと言える。エントリー申請を出したことは関係者以外誰も知らないことだったが、そのうちＦＩＡが二〇〇六年のエントリーリストを発表する。それなら、ＦＩＡが二〇〇六年のエントリーリストを発表する前に、自分たちで発表した方がいいと考えた。そこで鈴木は再度ホンダから最終的なエンジン供給の確約を取り、発表していいものかどうかを尋ね、その上で十一月一日に発表することを決めたのだ。場所は東京・南青山にある本田技研工業株式会社の一階ホール。これは、鈴木がホンダと共に歩んでいこうとする姿勢の表れだったが、ホンダ側にはスーパーアグリの発表にホールを貸すのを渋った者もいたらしい。

こうして二〇〇五年十一月一日、鈴木亜久里はスーパーアグリとして二〇〇六年シーズンからＦ１グランプリに参戦することを発表した。しかし、実態は寂しいものだった。会見でチームの体制、スポンサーなどを尋ねる質問が相次いだが、鈴木にはチームの状況を語ることは出来ても、スポンサーに関しては答える術《すべ》はなかった。情報・通信会社のソフトバンクがメインスポンサーになる噂が出ていると記者から質問が出たが、その時鈴木はソフトバンクの孫正義社長と一回接触を持っただけだった。

多くのメディア関係者を前に、ステージに一人置かれた鈴木は、いたたまれない寂しさと苦しさに襲われながら、絶対に来年のF1グランプリに出てやる、と唇をかんでいた。その鈴木の気持ちを少しだけ和らげたもの。それは永年の友人で、いまを時めくサマンサタバサジャパンリミテッドの創業者・寺田和正が駆けつけて、壇上の鈴木に手渡した花束だった。

こうしてF1グランプリ参戦を発表したエー・カンパニーだが、解決しなければならない問題は山積していた。その中でも最も大きな頭痛の種は、いかにして四千八百万ドルもの供託金を捻出《ねんしゅつ》するかという目の前の問題だった。

エントリー申請に添えてFIAに支払わなければならない供託金の制度が出来たのは、二〇〇一年のことだ。それ以前にF1グランプリに参戦しようと思えば、純粋な活動資金さえあれば自由に参戦できた。ところが二〇〇〇年頃、いくつかのチームがF1グランプリ参戦を言ってはそれを撤回した。FIAはそうした行為に対して神経質になり、エントリー申請に際し供託金を添えることを義務とした。額は四千八百万ドル（約五十八億円）とした。

FIAがこの巨額の供託金を設定したのは、実際にF1グランプリに参戦しようとするチームなら、この程度の金額は自由になると踏んだからだ。Ｆ１グランプリを年間通して戦うには、巨額の資金が必要となる。少なく見積もっても百億円は超える。それだけの額の資金を用意できるところは約五十八億円の供託金の支払い能力はありと読んだのだ。というより、五十八億円の用意が出来ないところがＦ１グランプリを戦うこと自体、無理があるということである。

ところがこの供託金の制度は、二〇〇七年末をもって消滅する。二〇〇八年から施行される予定になっている新コンコルド協定によって、新しく参戦するチームは事前にＦＩＡによって財務状況などを精査されるために、参戦の保証となる供託金は不要になるからだ。そもそもＦＩＡが供託金制度を設けたのは、Ｆ１グランプリの威厳を守るためだったと言える。特にホンダが第三期Ｆ１参戦を決め、ダラーラで製作したクルマでエントリーを考えながら、結局ＢＡＲと手を組んでの参戦となり、独自のエントリーがなくなった。それが機になった。世界最高峰のモータースポーツは、そこに参戦するチームにも世界最高峰を望んだ結果だった。そして、二〇〇七年でその役目は終了するのだ。

結局、この供託金制度を適用されたチームは、二〇〇二年に参戦を始めたトヨタと、二〇〇六年からの参戦を果たしたスーパーアグリの二チームだけだった。

やれば出来る

二〇〇五年十一月に入って、イギリス・リーフィールドの工場はフル稼働に移ったが、ここでもまず片付けなければならない問題があった。それは二〇〇六年シーズンを戦うクルマを準備することだった。しかし、開幕まで残り五ヶ月を切ったいま、ゼロから図面を起こして開発する時間はなかった。当てにしていたホンダからもクルマが出てこない。そこで窮余の策として選んだのは、かつてマーク・プレストンらが所属していたアロウズが最後のシーズンに使用したA23モデルを改良して使用するという案だった。アロウズA23が最後に走ったのは二〇〇二年。四年前のクルマであれば、知的財産権の問題でコンコルド協定に抵触することはなかった。そのアロウズA23は、コスワースへのエンジン使用料が滞納され、シーズン途中のドイツGPを最後に姿を消したクルマだった。

レースから姿を消したアロウズA23は、チームを閉めたトム・ウォーキンショウの手からヨーロピアン・アビエーション社のオーナーでありミナルディF1チームの代表だったポール・ストッダートの手に渡っていた。ストッダートは有名なコレクターだった。そのストッダートにコンタクトを取ってA23の購入を決めたのはダニエル・オーデットだった。十一月四日のことだ。A23のモノコックが三台、パーツが一式、さらに様々なカーボンパーツを焼くためのオートクレーブなどほとんどすべてが揃っていた。まず三台のモノコックがリーフィールド・テクニカルセンターに届いたのが十一月十四日。十七日になるとパーツなどの装備一式が後を追うように届いた。巨大な四十フィート・トラック二台分だった。

アロウズＡ23の改良は多岐にわたった。二〇〇六年のレギュレーションに合致するようにボディパーツの変更が必要だった。フロントウイングの地上高を高くし、リヤウイングの設置位置を前方に移した。フロア後部の長さを縮める必要もあった。その結果、ベースとなったアロウズＡ23に比べてクルマを路面に押しつける力（ダウンフォース）が三〇％も減少したが、減少した分は開幕までの風洞実験で取り返すしかなかった。マーク・プレストンを中心として、チーフデザイナーのピーター・マックール、空力担当のベン・ウッドが、ローラ・カーズの風洞を借りて三週間連続して実験を繰り返し、失ったダウンフォースの半分を取り戻した。

だが、二〇〇六年規定のクラッシュテストを通すためにモノコックに手を加えたおかげで形状がオリジナルに比べて大きく頑丈になった。重量が嵩《かさ》んだだけでなく空力的にもマイナスになった。さらに、ホンダＶ８エンジンの搭載でリヤ回りのボディ形状に手を加えなくてはならず、それらが積み重なって再びダウンフォースは減少した。結局、二〇〇六年型の他のクルマに比べて約二〇％のダウンフォース不足を甘受しなければならない結果となった。しかし、スーパーアグリＦ１チームのスタッフはひとつの目標に向かって猛烈に働いた。とにかく三月の開幕戦までにはクルマを完成させてバーレーンに持ち込む。それが彼らの使命だった。

イギリス・リーフィールドでは昼夜を分かたぬ作業が続いていたが、日本は日本で、のっぴきならぬ状態に陥っていた。大口スポンサーの当てがつかないまま二〇〇六年からのＦ１グランプリ参戦を発表した鈴木亜久里は、あらゆる伝手《つて》を頼ってスポンサーの可能性のある企業に当たったが、色よい返事は返ってこなかった。Ｆ１グランプリを一年戦うには少なく見積もっても七十億円程度の資金は必要だった。それにＦＩＡに預ける供託金を合わせると、百三十億円もの資金を集めなくてはならなかった。

ファンドを扱う会社とも話をした。その会社は百三十億円を出すからそれで幾ら返ってくるのか、と尋ねてきた。しかし、現実的にはＦ１で投資家に儲けさせようというのは無理な注文だった。リース会社にも相談に出かけ、供託金の四千八百万ドルだけでも貸してほしいと訴えた。そのリース会社は二つ返事で快諾してくれたが、条件が付いていた。ホンダの連帯保証を取ってほしいということだった。エー・カンパニーの秋田はその旨をホンダに相談したが、上場企業のホンダが簡単に連帯保証をすることは無理だった。万事休した。

イギリスのオーデットからは、せっぱつまった連絡が入ってきた。「ビッグ・プロブレムだ」。彼はＦＩＡの情報をより早く入手していたのだが、それによると「十二月に発表されるリストにスーパーアグリＦ１チームの名前はない」ということだった。「とにかく十一月末までに供託金を振り込まないと、F1グランプリ参戦は叶わない」。ここで、エクレストンが十二月半ばまで待つと言ったのはなぜだろう、という疑問が湧いてきたが、とにかくFIAは期限通り十一月末までに支払えと態度を変えなかった。

しかし、結局十一月末の時点では供託金を振り込むことが出来ず、十二月一日に発表された二〇〇六年のF1グランプリ参加チームのリストには、スーパーアグリF1チームの名前はなかった。だが、まだ道は完全には閉ざされていなかった。というのは、FIAのマックス・モズレー会長名で連絡が来て、すでに正規のレギュレーションからは外れているが、供託金を支払えるなら既存十チームの承諾を取ればFIAとしてはレイトエントリー（事後申請）を認める、ということだった。秋田はその時のことを振り返る。

「あの時、もう駄目ですとFIAに言われていたら楽だったかも知れないですね。そこからが茨《いばら》の道でしたから。しかし、FIAから再度エントリーを受け付けるという連絡が来て、もうやるしかないと思いました」

せっぱ詰まった秋田は、最後の手段としてソフトバンクの孫正義社長にお願いしよう、それしかない、と鈴木を説き伏せた。鈴木は承知してソフトバンクにお願いしてみることになったが、それまで孫社長に会ったことは一度しかなかった。

最初の孫社長との会談では、なにも具体的な話にならなかったが、鈴木はここまでくると可能性のある支援者には頭を下げることも厭《いと》わなかった。そして孫社長と鈴木が二度目の会合を持ち、供託金の支援を受けられるところまで話が進んだ。早速イギリスのオーデットに連絡して十チームの承諾を取るように事を進めた。それがうまくいけばレイトエントリーをする方向に話が進む。ただ、大方のチームはすぐに承諾をしてくれたが、最後まで抵抗したチームがあった。ミッドランド（のちスパイカー→フォース・インディア）だ。スーパーアグリF1チームが出てきて選手権ランキングで負けると、テレビ放映権料の分配金が得られなくなる。彼らはそうした理由で抵抗したのだろうが、最終的にはミッドランドも承諾をしてくれた。十二月二十一日のことだった。この日、供託金の支払いをFIAと約束して、再度エントリーを申請した。

さて、ソフトバンクとの話は大きな進展を見せ、供託金四千八百万ドルの提供は確約された。しかし、額が大きくソフトバンクも役員会を開いて役員たちの合意を得なければならず、エー・カンパニーの秋田が留守の鈴木に代わってその役員会に出席した。その時の模様を秋田が話してくれた。

「役員会に呼ばれて、スーパーアグリF1チームは本当にF1活動をやっていけるのかどうか証明せよと言われました。だから当時の状況を説明しました。最初に孫さんに鈴木が会った時には、ソフトバンクにスポンサーになっていただきたくて、『SoftBank』のロゴを入れたフルカラーリングの絵を持って行きました。しかし孫社長は、スポンサーはしないということでしたので、供託金の援助をお願いする役員会には『SoftBank』のロゴを外した絵を持って行ったのです。もちろん供託金を出していただきたいので小さくは残していました。でも、役員会の席上、孫社長は『これは前に僕が見た絵じゃない』と言われて……」

当然だろう。スポンサーにならない企業のロゴを入れて走るＦ１カーは見たことがない。しかし、孫社長には最初に見た絵のイメージが残っていたのだ。秋田が役員会の続きを語る。

「説明しましたよ。ソフトバンクさんでフルカラーリングをすると、スポンサーが取れない。Ｆ１チームはスポンサーからの資金で成り立っているので、スポンサーが取れないとチーム存続の問題が起こる。そうすると結局ソフトバンクさんに迷惑をおかけすることになると。お貸しいただく供託金はレースに出場すれば返却されるのでお返しできますが、スポンサーが獲得できないとレース出場がままならなくなり、お約束が履行できません。それはご理解をいただきたい……ということを力説しました。冷や汗ものでした」

こうしてスーパーアグリとソフトバンクの話し合いが続いているうちにも時間は刻々と過ぎていった。年が明けて二〇〇六年一月六日、ＦＩＡから供託金支払いの期日の通告があった。支払期日は一月二十六日。翌二十七日にはＦＩＡから最終的なエントリーリストが発表されることになっていた。

そんな中、スーパーアグリとソフトバンクの話し合いから、孫社長の考えと鈴木亜久里の考えがどうしても一致しないことが分かってきた。ソフトバンクが支援してくれることは非常に心強かったが、彼らの要求は微に入り細を穿《うが》っていた。供託金を出してスーパーアグリF1チームが二〇〇六年シーズンをスタートできたとしても、スポンサーが集まらなくて途中で活動をやめざるを得なかった場合、供託金は幾ら返ってくるのか知りたがった。また、資金を出すならチームを掌握したいという気持ちが、孫社長の中には強かった。ちょうど、プロ野球球団のダイエーホークスを手に入れたようにスーパーアグリF1チームも自分のチームとして走らせたい、と考えるようになったのだ。鈴木にはそれは我慢ならなかった。苦労して立ち上げたプロジェクトである。形になる前に他人の手に渡るのだけは避けたかった。しかし、巨額の供託金の目処《めど》は他にはなかった。頭を抱えた。

そんな時、一人の人物が鈴木の肩を叩いた。そしてこう言った。

「そんなところで借りるなよ。俺が貸してやるよ」

その人物こそ鈴木の永年の友人であり、成長著しい企業、サマンサタバサジャパンの若き経営者・寺田和正だった。寺田は経営する会社を東京証券取引所マザーズ市場に上場したばかりで、株価が非常に高かった。その株を担保にすれば供託金は問題なく銀行から借りることが出来ると踏んでいた。この頼もしい友人の出現で鈴木はソフトバンクへの依頼を断ることを決心した。

だが、ことはそれからさらに二転三転する。鈴木が決心してソフトバンクに断りの連絡をしたら、孫社長はすぐに鈴木を呼び出して、「私も男だ。一度約束したものは必ず出す。それも会社からではなく、孫アセットマネージメントという個人会社から。これなら役員会を再度開く必要はない」と提案してきた。それでエー・カンパニーとしては孫社長の意向を受ける形で契約書を作成し直し、さらにＦＩＡへの振り込みの契約書も作り上げた。ソフトバンクの財務担当者たちは、いずれも素晴らしい切れ者ばかりだった。鈴木も秋田も財務に関しては素人同然で、ほとんどの資料はソフトバンクの担当者たちが作成を助けてくれた。

いよいよ契約書にサインが残るだけになった。これで鈴木は念願のＦ１チームを立ち上げ、二〇〇六年のＦ１グランプリに参戦する準備が整ったと思った。ところが、そこに孫社長からチーム名の前にソフトバンクという名前が付くことを確認するメールが届いたのだ。鈴木と秋田は、自分たちの説明がどうしても孫社長には理解してもらえなかったと肩を落とした。チーム名の前に付くのはあくまでメインスポンサーの名前であって、供託金を貸してくれるところの名前を付けることは考えられなかった。それはスーパーアグリＦ１チームのメインスポンサー獲得を不可能にすることだったのだ。

鈴木はソフトバンクとの契約書を前に沈思黙考し、こう考えた。

「今日はサインするのを止めよう」

ソフトバンクから資金が入ったら、どれだけ楽だったか。しかし、鈴木はチームの将来を考えてサインを保留した。ソフトバンクが名前を入れたいと申し出てきたボディには、近い将来必ずメインスポンサーを取ってくると心に誓った。その時すでに二〇〇六年一月の半ばを迎えて、FIAが通達してきた供託金振り込み期日まで残された日数は僅か十日足らずになっていた。

しかし、もうソフトバンクは断った。あとは寺田の支援に頼るしか術はなかった。鈴木は寺田の支援を受けることを決めた。最後の道だった。そして、寺田に支援の感謝をしながらイギリスへ向かった。イギリスではすでにアロウズA23の改良が進み、十二月の一回目の風洞実験に続き、二度目の風洞実験に取りかかっていた。鈴木はそうしたクルマ作りの現場を把握するためにリーフィールドに向かったのだ。

日本では鈴木の留守を預かった秋田が、寺田と共に主要銀行に融資の話を持って行った。秋田は、ソフトバンクとのやりとりで得た知識をフルに活用して銀行幹部に説明した。だが、残念ながらその銀行からは色よい返事を得られなかった。都市銀行では、マザーズのような新興市場に上場した会社の株券は効力を発揮しなかったのだ。秋田は万策尽きてホンダのモータースポーツ部のF1担当者に銀行の紹介を頼んだ。担保は寺田の持つ株券である。だが、最初に話を持って行った東京三菱銀行からはまたしても断られた。ホンダの口添えがあっても無理だったのだ。

最後の切り札としてアプローチしたのが「あおぞら銀行」だった。あおぞら銀行は金融業界の再編の中で二〇〇一年に社名を変更して再出発し、最近では映画やプロスポーツといったこれまで銀行が手がけてこなかった分野に積極的に取り組んでいたので、何とかなるかもしれないという思いが秋田にはあった。そこで秋田は、ホンダの担当者と寺田と共にあおぞら銀行の融資担当者に会い、すべてを話して協力を仰いだ。これが最後のチャンスだと考えた秋田は、何が何でもあおぞら銀行から四千八百万ドルを引き出すべく、もの凄い形相で頭を下げた。

秋田の鬼気迫る説明に心を動かされたあおぞら銀行の担当者は異例のスピードで審査を行い、ついに融資を引き受けてくれることになった。しかし、これだけ大きな金額になると行内の手続きなどで二週間は必要だった。だが、それではタイムアウトになってしまう。支払期限は一月二十六日。融資が決定したのが一月二十二日だったから、残り時間は正味四日間しかなかった。それから四日間、秋田もあおぞら銀行の担当者も昼夜を問わず働きづめに働いた。弁護士を交えて契約書を作り、イギリスのチームと連絡を取りながら必要書類を揃え、やっと二十六日の午前中にサインをし、午後に寺田の担保が銀行に入り、融資の手続きが完了した。それからFIAの口座に振り込むのだが、先方から入金が確認されたという連絡があったのが二十六日の夜中だった。まさしく滑り込みセーフとはこのことだった。

日本は深夜でもイギリスはまだ夕方。リーフィールドの工場では突貫作業でクルマの製作が行われていた。鈴木はその日の夜の全日空機で帰国する予定だったが、工場を辞する前にスタッフ全員を集めて、「もうすぐエントリーが受理される。間もなくその発表があるはずだ。みんなバーレーン目指して頑張ろう」と、挨拶をした。リーフィールドの工場で働くスタッフたちからは、「やるぞー!」と掛け声が上がった。FIAからのエントリー受理の発表は、ちょうど鈴木が空港へ向かっている時に行われた。鈴木は携帯電話でその連絡を受けて、帰りの機内では久しぶりにゆっくりと休めた。ＦＩＡは二十七日のホームページに、スーパーアグリＦ１チームの二〇〇六年Ｆ１グランプリへのエントリーを受理したと、小さく発表した。

この供託金騒動は三ヶ月近くにわたって続いたが、その間にもリーフィールドのスーパーアグリＦ１チームの工場では作業が着々と行われていた。工場で働くスタッフも増え、二〇〇五年暮れの時点で百人を超えていた。もし、供託金が間に合わずエントリーが受理されなければ、大変なことになっていた。鈴木は気心の知れた秋田にだけは、たびたび次のようなことを言っていた。

「秋ちゃん、もう引けないよ」

鈴木も秋田も個人資産すべてを抵当に入れていた。鈴木はもしもの場合に家族を守るために、妻の明子に離婚をもちかけたほどだった。その時、明子はこう言った。

「これまであなたに出来なかったことある？　何でもやってきたじゃない。自分を信じなさいよ」

CHAPTER

2

佐藤琢磨の再出発と井出有治の挑戦

予感

佐藤琢磨は二〇〇二年の日本GPでジョーダン・ホンダに乗って五位に入賞した。佐藤はカートレースを始めてから僅か六年、本格的に四輪自動車のレースを始めてから五年でF1に上り詰めた。イギリスF3選手権チャンピオンに輝き、各国F3の強豪が集まるヨーロッパ最大のF3レース「マールボロ・マスターズF3」を制し、さらにはF3世界一決定戦と言われ、各国のF3チャンピオンが参加する「F3マカオ・グランプリ」でも優勝するなど、顕著な成績を挙げて注目を集めた。二〇〇二年は佐藤にとって、初めてのF1シーズンだった。

しかし、これだけの優秀な成績をもってしても、F1における日本人ドライバーのポジションは非常に低いものだということを佐藤は痛感した。それは一九八七年に中嶋悟がホンダの支援を受けてF1に登場したことが決定的な決め手になっていた。日本人ドライバーは自動車メーカーのバックアップがなければ、ひとりではF1に来ることが出来ない、と見られていた。そして佐藤も中嶋同様にホンダのバックアップでF1に登場してきていた。しかし、実力には大きな差があった。中嶋がF1に進出した時には、すでに全盛期を過ぎており、年齢的にも体力的にもとてもトップドライバーには太刀打ち出来なかった。しかし、佐藤は十分それが出来ると自覚していた。彼はまだ若かった。

ゆえに、ジョーダン・チームと契約を交わしていた佐藤は、二〇〇三年こそ活躍を約束されていたのだ。

だが、現実は厳しかった。二〇〇三年にはホンダがジョーダンにエンジンを供給しないことを決めると、チームオーナーのエディ・ジョーダンは手のひらを返すように佐藤を切り捨ててしまった。そこには佐藤の実力ではなく、ホンダのパワーを欲しがるF1チームの現実が厳然と存在していた。佐藤に限らず、本当にトップ数人のドライバー以外は、チームにとってエンジンや巨額の資金を提供するスポンサーの支援がなければ、誰が来ても同じだったのだ。こうして佐藤はたった一年のグランプリドライバー経験をしただけで、早くも路頭に迷うことになった。結局、二〇〇三年はB・A・Rホンダのリザーブ兼テストドライバーとしてチームと契約、一年間のファーム落ち人生を選択した。

しかし、F1でのファーム生活はそれほど惨めなものではない。特に佐藤のように将来を嘱望される若手にあっては、グランプリカーを操る時間がタップリ与えられ、運転技術の向上に役立つばかりか、クルマに関する知識の蓄積を可能にしてくれる絶好のチャンスでもあった。佐藤が二〇〇三年をリザーブ兼テストドライバーとして過ごすことを決めた裏には、こうした計算があったことも事実だ。そして、何より彼が一年間モチベーションを保ち続けることが出来たのは、その先にレギュラードライバーのシートがあるという自信だった。そして、その自信は二〇〇三年の日本GPで早くも現実になった。考えの相違からB・A・Rホンダを離れたジャック・ビルヌーブの代役として佐藤は日本GPに出場、見事六位に入賞して見せたのだ。

佐藤琢磨には実力があった。これは誰もが認める事実だ。だが、彼のレースには波があった。これも事実である。好調な時には素晴らしくアップビートで上位に食い込むが、その逆もある。スピードを失うことはないが、運転に荒さが出る。ミスが出る。人間は完璧ではなく、佐藤も人間である限り完璧ではないが、ややミスが多すぎた。これはジョーダン・チームに所属していた二〇〇二年の佐藤が直面した現実である。

だが、二〇〇三年の一年間をリザーブ兼テストドライバーとして過ごした佐藤は、一回り大きくなって帰ってきた。二〇〇四年、待望のB・A・Rホンダ・チームの正ドライバーとして契約を結んだのだ。ホンダはF3時代を含めて、佐藤を世界に通用するドライバーに成長させるために、様々な支援をしてきた。二〇〇四年は佐藤がホンダに対してその恩返しをする時だった。チームメイトはジェンソン・バトン。バトンも期待されながらまだ優勝がなかった。この年、佐藤は期待通りに活躍、バーレーンで五位、スペインで五位、アメリカで三位、ドイツで八位、ハンガリーで六位、イタリアで四位、日本で四位、ブラジルで六位と、コンスタントな速さを誇った。獲得ポイント三十四点でドライバーズ選手権八位に食い込んだ。チームメイトのバトンは八十五点で選手権三位。チームはコンストラクターズ選手権二位！

しかし、翌二〇〇五年の佐藤は散々だった。入賞はハンガリーの八位一回のみ。得点僅か一点でドライバーズ選手権は二十三位に沈んだ。彼のレースには波がある、といったのはこのことだ。この年限りで佐藤はB・A・Rホンダから放出された。

佐藤琢磨放出の話がB・A・Rホンダ内で囁かれ始めたのは二〇〇五年終盤になってからだが、実はその火種は前年から燻《くすぶ》っていた。二〇〇四年、ウィリアムズとの契約下にあってB・A・Rホンダへトレードに出されていたバトンは、二〇〇五年限りで古巣ウィリアムズへ戻ることになっていた。そこでB・A・Rホンダは二〇〇六年からバトンの抜ける穴を埋めるドライバーを探さなければならなくなった。白羽の矢を立てたのはフェラーリで走っているルーベンス・バリチェロ。若くなく、バトンの抜ける穴を埋めるにはいまひとつ何かが欠けているように思えたが、かといって他に適当なドライバーはいなかった。フェルナンド・アロンソやキミ・ライコネンのように将来を約束されているドライバーは、簡単には来てくれなかったからだ。

二〇〇六年のB・A・Rホンダのドライバー問題が複雑な様相を呈してきたのは、二〇〇五年に入ってバトンがウィリアムズへの復帰を希望していないという噂が立ち始めてからだ。本人は明快な結論を出しかねていたが、ウィリアムズが二〇〇六年に自動車メーカーのワークスエンジンを入手できなくなるという説がまことしやかに流れ（それは事実だったのだが）、バトンは下降線を辿るチームへの復帰に難色を示し始めたのだ。B・A・Rホンダとすれば、バトン残留は大歓迎だった。しかしそれは復帰を誓ったウィリアムズとの契約に違反することになり、バトンには多額の違約金をウィリアムズに支払う義務が生まれる。バトンが逡巡《しゅんじゅん》するのも当然で、その違約金の額は四十億円とも言われた。

だが、バトンの気持ちが定まらないからと言って、B・A・Rホンダものんびり構えてはいられなかった。B・A・Rホンダ残留の気持ちがあるバトンだが、条件の折り合いが付かなければ最終的にウィリアムズへの復帰というどんでん返しがあり得る。そうなった時のための準備は怠れない。つまり、バトンに代わるドライバーの確保が必要だったのだ。バリチェロとの話も早期に決着を付ける必要があった。彼はフェラーリとのオプション契約の関係があり、二〇〇五年限りでチームを出ていく決心をしたなら、夏前までにチームにその旨を伝えなければならなかった。これはB・A・Rホンダがバリチェロとの契約を締結するかどうかの答えを、夏前までに出さなければならないということだった。バリチェロと契約した後でバトンが残留を決めたら佐藤琢磨のポジションはどうなる、と考えていたのはホンダである。しかし、正直言ってB・A・R側は佐藤のことは真剣に考えていなかった。そこでB・A・Rはホンダを口説き落としてバリチェロと契約をしたのだ。

佐藤琢磨は、二〇〇六年はバリチェロとチームを組んでレースを戦うことになると理解していた。バトンがウィリアムズとの契約問題でこじれているのは知っていたが、四十億円もの違約金を支払ってまでB・A・Rホンダに残るとは考えられなかった。二〇〇五年の夏前にB・A・Rホンダがバリチェロと契約したと聞いて、ますますその考えを強くしていた。ところが二〇〇五年シーズンもまさしく終盤に差し掛かった九月、ブラジルGP前のプロモーション・キャンペーンに訪れたアルゼンチンの佐藤のもとに、衝撃的なニュースが届いた。バトンが二〇〇六年もB・A・Rホンダに残留する意向を固め、ウィリアムズに違約金を支払ったというのだ。

「確かに複雑な気持ちでした。でも、自分ではどうにもならないというのも分かった。チームがバリチェロと話しているという時点で、僕は自分自身をリスクの上に置いていることを認識していました。バトンとバリチェロが決まった時、チームからはリザーブ兼テストドライバーで残ってほしいというオファーをもらいました。しかし、そんな気は全くなかった」

佐藤が現実を知った翌日、B・A・RホンダはブラジルGPで二〇〇六年のドライバーズ・ラインアップを発表した。そこには佐藤の名前はなかった。その時、佐藤の心を覆っていた雲がすっかり晴れたという。グレーな部分がすっかりなくなってクリアになった。気持ちはすっきりとかたまり、新たなチャレンジに向けて心が動いたという。実は、バトンの移籍話が出て、バリチェロの加入の噂が出たころから、佐藤は他チームとの交渉に入っていた。それは、契約で働くドライバーとしては当然のリスクヘッジであり、佐藤もそれを行使していたということだ。交渉の相手は一チームに留まらず、夏頃までは大きなオプション契約の話も来た。心を動かされないでもなかった、と佐藤は白状する。

「しかし、バトンとバリチェロの最終的な動向が決まるまでは、こちらも動けなかったんです。やはりB・A・Rホンダに残って走りたいという気持ちは強かったですね」

素晴らしい条件で契約寸前までいったチームもあった。だが、佐藤が答えを延ばしている間に、それらのチームのシートは次々と決まっていったのだ。佐藤が自由に動き出すことが出来たのはシーズンも残り三戦となったブラジルGPの週末。あまりにも遅すぎた。ただ、佐藤もマネージャーのアンドリュー・ギルバート・スコットも、交渉相手のチームも、最終的には佐藤はB・A・Rホンダで二〇〇六年シーズンを戦うだろうと読んでいた。バトンが巨額の違約金を積んでまでウィリアムズ復帰を断るとは考えられなかったからだ。だが、バトンはウィリアムズには帰らずB・A・Rホンダに留まった。B・A・Rホンダがホンダ・レーシングF1チームになることは分かっていたし、勝てるチ

「違約金の額は言えないけど、それを払ってもB・A・Rホンダに残りたかった。B・ャンスはそこにしかないと思ったんだ」と、バトンはB・A・Rホンダ残留の理由を語る。

ブラジルGPの週末、佐藤はホンダからB・A・Rホンダではレースドライバーとしてのシートはないと宣告されたのだが、同時に新しいプロジェクトの存在も知らされた。振り返ってみればそれは鈴木亜久里のF1参戦のプログラムだった。この新しいプロジェクトは、最終的に決まるまでかなりの時間を要した。それはFIAへの供託金や活動資金の不足で、計画がなかなか進まなかったからだ。だが、最終的にホンダは鈴木が率

いるスーパーアグリF1チームに協力することになり、佐藤は鈴木からオファーをもらうことになった。

佐藤の選択肢はもうひとつあった。それはミッドランドからのオファーで、条件は随分と良かった。だが、ミッドランドには佐藤と契約する上でひとつ問題があった。それは二〇〇六年のミッドランドはトヨタ・エンジンを使用するということだった。これまでホンダと共に歩んできたともいえる佐藤は悩んだ。

「いろんな人と話し、アドバイスをいただきました。相談のメインはやっぱりこれまで僕と一緒に歩んできてくれたアンドリュー（ギルバート・スコット）でした。二人で話し合った後、自分なりに考えてみたんですが、僕が考えていることと彼が考えていることはずっと一致していたんです。ですから、最後には自信を持って自分で判断しました」

佐藤は最終的に鈴木からのオファーを受けることを決めた。素晴らしい条件を出してきてくれたミッドランドだが、残念ながら佐藤は苦しい決断ののち、断りの返事をした。断りの返事の理由に、ミッドランドがトヨタ・エンジンを使用するという項目は入っていなかった。考慮はしただろうが、それを断りの理由には使わなかったのだ。

「ご存じのようにミッドランドの前身はジョーダンです。ジョーダンには本当に良くしてもらい、感謝の念はたえません。しかし、そこに戻るというのは前進することにならないんじゃないか、と考えたんです。それが決断の決定的な理由です。ミッドランドがいま置かれている立場は、ジョーダンの頃とは違います。僕が乗っていた頃とは大きく変わっていました。僕としては、新しい道を歩きたかったんです」

鈴木のプロジェクトの話を聞いた時、佐藤は凄く興奮したのを覚えている。信じられないような、夢物語のようにさえ思えた。しかし、いよいよホンダも本気で動き出し、様々なことが具体的に見えてくると、このプロジェクトが実際に可能なら、これは凄い経験になると考えた。佐藤はテールエンダーで終わるつもりはさらさらなかった。生き延びるためだけにレースをするつもりなんか全くなかった。もちろんスタートして数年は辛い思いをしても、必ず這《は》い上がっていけるはずだと信じたのだ。

佐藤琢磨から見ても、鈴木亜久里率いるF1グランプリ参戦プロジェクトは色々と問題があり、鈴木がクリアしていかなければならないことがたくさんあった。それは、ホンダの中の人事異動などでプロジェクトの骨格が変わったからだろう。しかし、それを超えて一緒にやっていく価値も認められた。

実は佐藤は、それまで鈴木が進めている様々なプログラムを聞きかじってはいたが、内容の詳細を知るわけでもなく、それほど興味を持ったことはなかった。というより、鈴木の進めるドライバー育成プログラムで育ったドライバーとはライバル関係にあるとさえ感じていた。なぜなら佐藤はホンダが推進するSRS－F（鈴鹿サーキット・レーシングスクール・フォーミュラ）というレーシング・スクール出身で、鈴木が独自に立ち上げたARTA（オートバックス・レーシング・チーム・アグリ）の若手ドライバー育成プログラムから育ったドライバーとは、時にサーキットで対決する間柄だったからだ。

そんな関係だったから、二人はサーキットではよく顔を合わせてはいたが、ビジネスや人生について真剣に言葉を交わしたことはなかった。その二人が初めて膝をつき合わせて話し合ったのは、二〇〇五年の十月も終盤に入ってからだった。二〇〇五年F1シーズンはすでに終了し、翌年走るチームのない佐藤と、新しいチームを立ち上げようとしている鈴木が、東京・南青山にあるエー・カンパニーの事務所でお互いの将来について話をした。

鈴木は佐藤に会う随分前から、自分のチームが立ち上がったら必ず佐藤に乗ってもらおうと考えていた。佐藤がB・A・Rホンダのドライバーの時から、ホンダに対して佐藤を含めて一緒にやりたいとアプローチをかけていた。だから、佐藤が事務所に来て話を始めると、熱心に誘った。佐藤もそれに応えた。

「亜久里さんの話を聞いて、素晴らしく面白かった。面白いというのは、おかしいという意味ではないですよ。興味を抱いたという意味です。それに、凄く手応えを感じたんです。だから、その日に僕の気持ちは決まったんです。亜久里さんと一緒にやっていこう、と。その日に決めました」

しかし、契約が交わされるまでには時間がかかった。いや、時間をかけたと言った方がいいだろう。その点、佐藤はビジネスマンだ。そして佐藤には過去三年間F1ドライバーとして戦ってきた自負があった。

「契約に関しては、一切妥協はしませんでした。だから、凄くタイトに厳しくチームと戦いました。だからこそ契約に時間がかかったんです。でも、お互いに良い意味での妥協点を見つけられたと思っています。まず、複数年契約で始まっていますから、二〇〇七年も僕はスーパーアグリに乗ります。でも、その後お互いがどのような進路をとるようになるかは、二〇〇七年のパフォーマンス次第です。そういう意味では、凄くシビアにやっていきたいと思っています。その方が緊張感があっていいですから」

実は、佐藤は契約に関しては鈴木と直接話をしていない。佐藤はマネージャーのアンドリュー・ギルバート・スコットと共にイギリス・リーフィールドにあるスーパーアグリのファクトリーに出向き、ダニエル・オーデット（マネージングディレクター）、ウエイン・ハンフリーズ（チーフファイナンシャルオフィサー）、ケビン・リー（チーフオペレーティングオフィサー）の三人、そしてホンダ関係者を向こうに回して契約交渉を行った。これは、佐藤のプロドライバーとしてのスタンスだ。佐藤と鈴木が顔を合わせることは、意識するしないにかかわらず妥協が生まれる可能性を含んでいる。そのことを佐藤はよく承知している。ゆえに、ビジネスとして割り切ることの出来るイギリス人同士で契約交渉を行ったのだ。

しかし、佐藤の方がギルバート・スコットよりイギリス人だったかも知れない。ギルバート・スコットが佐藤に「このあたりで妥協すべきだろうか？」と、聞いてくることもあった。佐藤はそれをはねつける。「いや、ここは絶対に譲れない。プロのドライバーなら当然だ」と。

佐藤が強く出ることが出来たのは、スーパーアグリの面々も交渉に関してはビジネスに徹していたからだ。お互いに強く自分たちの言い分を主張する。これはお互いに、やるなら本気でやれというメッセージでもあったはずだ。どちらかと言えば、佐藤側にとってよりスーパーアグリ側にとって厳しい交渉だったはず。しかし、結果的にはお互いに素晴らしい刺激になって、プロジェクトが進み始めてからも全く問題は起こらず、良い影響を与えあって契約は結ばれた。

佐藤琢磨は今回のスーパーアグリとの契約交渉にしても、自分一人では絶対に出来なかったと認める。彼が自信を持って、難しい契約にも自己主張を曲げない強い態度で出ていくことが出来るのは、アンドリュー・ギルバート・スコットという全幅の信頼を置くマネージャーがいるからだ。

「アンドリューの存在は非常に大きいです。彼と僕の関係は、僕らがF3時代から必要性を感じて育て上げてきたものです。彼なしにいまの僕はありません」

佐藤とギルバート・スコットとの関係は、見事としか言いようがないハーモニーで成り立っている。お互いに刺激になり、お互いが自分を強くする環境が自然に出来上がっている。苦楽を共にするということは、こういうことかと納得できる。

こうして佐藤はスーパーアグリと契約を結んだ。契約書にサインがなされ、それが効力を発揮し始めたのは、まさにケンブル飛行場でスーパーアグリSA05のシェイクダウンが行われた日の前日、二〇〇六年二月十三日のことだった。時間をかけて、本当に腹の底から話し合って結ばれた契約。佐藤は自分がスーパーアグリに求められていることを、この時ほど深く感じたことはない。

「初めてリーフィールドの工場を訪問したのが前の年の十二月六日です。その時、本当に心から必要とされていると感じました。チームのスタッフ全員の気持ちがびしびし伝わってくる。それは僕を動かすに十分な熱意でした。感動しました」

佐藤の心は最初から決まっていたようなものだった。

「エンジニアリンググループを見ても、もちろんF1経験者はほんの一握りしかいなかったけど、素晴らしい可能性を感じました。上手に駒を進めていけば、きっと大きな力になるだろうと感じたんです。最初の訪問で、です」

この時点で、佐藤琢磨はすでにスーパーアグリの創設メンバーの一人のような位置づけにあったのではないか。お互いが強烈に必要としている。これほど理想的な結婚はない。佐藤琢磨は、一度は奈落の底に落ちかかったが、そこを自力で這い上がってきた。それは、彼の力を必要とする者がいたからだ。しかし、佐藤が獲得したポジションは、決して安穏としていられる場所ではなかった。行く手には厳しい試練が待ちかまえていることは、スタート地点に立った時から目に見えていた。だが、佐藤は何も恐れなかった。それは彼がイギリスでF1以上に厳しいと言われるF3レースを戦い、見事に勝利してきた自負と、その自負を裏付ける実力があったからだ。佐藤はスーパーアグリF1

チームに加わり、開幕戦に向けて進める準備の中で、貴重な経験もした。

「イギリスのF3時代に似ていました。僕が所属していたカーリン・モータースポーツに。最初にカーリンで走り始めた時、凄く良いものを持っている人材が揃っていたんだけど、やっぱり新しいチームだったのでバラバラでした。でも、シーズンが終わる頃にはみんな真っ直ぐ同じ方向を向いていました。それは僕の中で大きな経験でした」

その経験は、佐藤を大きく成長させた。

「それからジョーダンでF1に乗り、次にBAR。ジョーダンには歴史があってジョーダンのやり方がある。BARだって若いチームと言うけれど、それなりに歴史もありホンダが入ることで大きな社会が出来上がっていた。BARに関して言えば、僕はテストドライバーとして入って、チームの中でステップアップした。だから、いまのスーパーアグリでの立場とは全く違うんです。BARでもみんな認めてはくれましたが、やっぱりテストドライバーから上がってきたという背景は変えられないんです。でも、このチームはレースドライバーとしてなくてはならない存在として受け入れてくれた。だから、発言に対する責任感と、絞り出すエネルギーが圧倒的に違うんです。凄く慎重になったし、だからこそ何とかしたい、と真剣に努力しました」

正直に言えば、佐藤琢磨には大きな不安がのし掛かっていたはずだ。その不安を消し去るために彼は猛烈に働いた。二〇〇六年シーズン開幕に向けて最も多くの仕事をこなしたのは、佐藤琢磨とフェラーリで最後のシーズンを迎えようとしていたミハエル・シューマッハーではないか。もちろん佐藤とシューマッハーのポジションは違う。シューマッハーはそこに存在するだけでチーム全体が引き締まる。それは、彼が長い間に残した圧倒的な成績に裏付けられた存在感によるものだ。佐藤の場合はその強い責任感と物事に取り組む姿勢だ。自分が考え、動くことによって少しでもチームを引っ張っていくことが出来ればいいと考える、献身的な心だ。シューマッハーには及ばないが、それでも表彰台を経験し、多くの選手権ポイントを懐に持ったドライバーの真摯《しんし》な姿が、チームスタッフの発奮材料にならないはずがない。

この佐藤の努力は、見事にスーパーアグリのスタッフの心に届いた。彼は素晴らしい牽引力となってチームを引っ張った。

「このチームの素晴らしさは、スタッフみんながチームの状況を理解していて、限られた資源の中で全力を注いでいることです。エンジニアはもっと冒険がしたいと思います。でも効率を優先し、おかしな意地を張らない。プライドを捨てる柔軟性さえ持っていました」

それでもドライバーとエンジニアの意地がぶつかる時もあった。

「テストの一日目から、僕はチーフエンジニアのグラハム・テイラーとぶつかりました。大喧嘩したんです。でも、そういう立場からチームと付き合い始めたので、お互い本気でやり合えた。僕には僕の、彼には彼の考えがあった。運転するのは僕なんだけど、速く走るためには何が必要かを彼に正確に伝える必要があり、それは譲れなかった。今までの僕なら、仕方がないからこの枠の中で、自分で何とか片付けようって思いがあった。でも、ここに来てそれは僕のためにもチームのためにもならないということが分かったんです。それは良かったですね」

こうして佐藤琢磨のスーパーアグリ加入が決まり、二月十五日にチームから正式発表がなされた。佐藤はホンダから放出された悔しさをバネに、新生スーパーアグリF1チームで新しい自分探しの旅に出かけたと言えるだろう。

具現

井出有治は十五歳でカートレースを始め、出入りしていたカートショップの関係で鈴木亜久里の名前を知った。そのカートショップのテレビで観た一九九〇年の日本GP。三位表彰台に立った鈴木の勇姿が眩しかった。以来、鈴木は井出のヒーローになった。その後、正式に紹介され、ヒーローはぐんと身近な存在になっていった。

一九九四年、十九歳になった井出は本格的に四輪レースに進出、全日本F3選手権に打って出た。しかし、資金不足などで思うような活動は出来ず、当然成績は付いてこなかった。その後もF3レースは続けるが結局十分な資金が集まらず、活動は持続できなかった。一九九七年、フォーミュラ・ニッポンのチームを作った鈴木のもとへ出向き、手伝いながらチャンスをうかがった。

一九九九年、ホンダが始めた若手ドライバーの登竜門レース「フォーミュラ・ドリーム」に鈴木のアドバイスで出場、六戦中二勝を挙げて初代チャンピオンに輝いた。参戦前、鈴木は次のように言ったという。

「フォーミュラ・ドリームはF3より格下のレースだからな。もしそこで一年やってチャンピオンがとれなければもうレースは止めた方がいい。フォーミュラ・ドリームあたりで燻《くすぶ》っていては、その先何をやっても大したドライバーにはなれない。だから、その時はもうレースを諦めろ」

この鈴木の言葉は井出の心にぐさりと突き刺さったようだ。長い間F3レースを戦って結局は芽が出ず、格下のレースに悔しさをこらえて出場してもトップの成績は得られない。もし、そうした厳しい現実が襲いかかったら、井出は自らヘルメットを脱ぐ覚悟だった。その覚悟は悲壮的でさえあった。鈴木と、知り合いのチームが一年の約束で活動資金を捻出《ねんしゅつ》してくれて、井出はレースに打ち込むことが出来た。その結果、六戦出場して二勝し、見事にチャンピオンに輝いた。しかし、四レースを落とした。六年もレースの経験がある二十四歳のドライバー井出にとって、それは決して満足できる成績ではなかった。だが、フォーミュラ・ドリームでチャンピオンに輝いた結果、二〇〇〇年にはスカラシップで再び全日本F3選手権に出場することが出来、成績も次第に付いてきた。

二〇〇一年、もう一度F3レースを戦った後、二〇〇二年にはフランスF3レースを戦うためにヨーロッパに渡った。そして二〇〇三年、いよいよ国内最高峰のフォーミュラ・ニッポンにステップアップ、セルモ・チームから参戦した。その年には選手権七位に終わったが、翌年は三位、さらにその翌〇五年には同二位に入った。しかし、結局一度もチャンピオンタイトルは手に出来なかった。

フォーミュラニッポンを星野一義率いるインパルで戦った二〇〇五年。シーズン途中から井出の中でＦ１のイメージが大きく膨らんできた。その理由を井出はこう言う。

「フォーミュラ・ニッポンで勝利を挙げ、より高いカテゴリーのレースを戦う自信がついてきました。シーズン途中からＦ１グランプリのことを考えるようになり、どうすればＦ１に乗れるようになるか、亜久里さんに相談に行ったりもしました」

実はその時、井出は鈴木の野望を知らなかった。彼の動きはまるで鈴木のＦ１挑戦を知っていたかのようなタイミングで始まったが、そうではない。ふたりのＦ１の符牒《ふちよう》が合ったのは、全く偶然のことだ。その年の日本ＧＰ、金曜フリー走行で山本左近がジョーダンに乗るのを見ると、井出は気持ちを抑えることが出来なくなっている自分に気づいた。その井出が鈴木の計画を知ったのは十月。その日から井出の鈴木詣でが始まった。

「十月だったかなあ、井出がやって来て、是非自分にチャンスをくれと言うんだ。その姿があまりに熱心なので、こちらも心を動かされた」と、鈴木。

二〇〇五年、井出は自動車向け情報サービス関連の会社モバイルキャストの支援を受けてフォーミュラ・ニッポンを戦った。レースの好きな社長の赤池英二が、井出の人間性に惚れて支援を始めたもので、当然F1参戦においても井出を応援することになっていた。正直言って井出を支援するモバイルキャストの存在も、スーパーアグリにとれば魅力だった。

ただし、井出の採用にチーム内から反対の声が出たこともあった。それは井出の経歴を知らないスタッフから出たものだ。リーフィールドの工場を取り仕切るマネージングディレクターのダニエル・オーデットも当初は井出の起用に疑問を挟むこともあった。井出を採用するよりヨーロッパでF1経験のあるドライバーを採用した方が得策だと、鈴木に対して進言もした。後に正ドライバーとして実戦を走ることになるフランク・モンタニーを推薦したのも彼である。しかし、鈴木は井出の起用を決め、スタッフを説得した。鈴木の決定はチームの決定だ。とはいえ、鈴木にも不安はあった。あるレースの現場でこう言ったことがある。

「チームの中にF1の経験のない井出を使うことに異を唱える者もいた。僕も正直言って期待と不安は半々だった。しかし、井出の熱心さに打たれた。彼は非常に優しい心の持ち主で、それがレースで彼の足を引っ張ることがあることを、本人はよく知っている。今回彼はその優しさを気持ちの中に押し込めて頑張ると言う。その気持ちに賭けてみることにした」

井出が二〇〇五年に所属したチーム・インパルの星野一義監督は、「何も考えないで行け、と言ってやった。後ろを振り向くな、前だけを見て行けとね」と、井出を送り出した。

自分の立場を一番よく分かっていたのは もちろん井出自身だ。彼はスーパーアグリとの契約が成立した時、次のように言っている。

「F1参戦は子供の頃からの夢で、大きな目標だったので本当に嬉しく思います。チャンスをくれた鈴木亜久里代表をはじめ、たくさんの方々にサポートしていただいて夢が実現出来ました、僕は、退路を断って来ました。もう日本のレースに戻ることは考えず、とにかくF1で実績を残すことを目標に頑張ります」

しかし、F1の経験のない井出にとって、現実は非常に厳しいものだった。オーデットは井出の置かれた状況をこう表現したことがある。

「イデは訓練を積まないままで戦場に降りて行かなければならないパラシュート部隊の兵士のようなものだった。開幕までにもう少し時間があればよかったのだが」

問題はそれだけではなかった。肝心の言葉の問題だ。チームのエンジニアやスタッフとの会話は当然英語。流暢《りゅうちょう》に喋る佐藤琢磨と比べて井出の英語は決してうまくはない。開幕戦から実戦レースを戦いながらクルマの開発を進めていかなければならない井出としては、これは大きなハンディキャップだった。リーフィールドの工場に出向いてシートトン合わせを行った時も、井出の要求はチームのスタッフにうまく伝わらず、前途多難な門出を窺わせた。

開幕まで一ヶ月を切った二月十五日、スーパーアグリは二〇〇六年度のドライバーズラインナップを発表した。佐藤琢磨と井出有治。その前日、イギリス・ケンブルの飛行場でSA05のシェイクダウン走行を行った。佐藤と共に井出もそのステアリングを握った。井出有治、一世一代の大勝負が始まった。

CHAPTER

3

開幕戦までの長い道のり

山あり谷あり

供託金をFIAに支払って、スーパーアグリF1チームは二〇〇六年一月二十六日に正式にF1グランプリへのエントリーが認められた。これで晴れてF1の仲間入りが果たせた。しかし、鈴木亜久里も秋田史も気持ちは休まらなかった。なぜなら、今度は彼らの前にシーズンを通しての活動費の確保という問題が浮上してきたからだ。F1グランプリの活動費はどんなに少なく見積もっても年間七十〜八十億円ほどはかかる。供託金の約五十八億円（四千八百万ドル）の用意に窮々としていたスーパーアグリに、それだけの活動資金の用意があるわけではなかった。ゆえに、この活動資金の準備も急務だったのだ。それにはスポンサーの確保が急務だった。

スーパーアグリF1チームはスポンサー獲得活動に関して、大手広告代理店・電通とタッグを組んで動いていた。しかし、なかなか資金提供者を見つけられないでいた。もし資金が集まらなければF1活動は頓挫《とんざ》してしまい、苦労して支払った供託金は全額FIAに没収されてしまう。供託金捻出に関してはサマンサタバサの寺田の支援のおかげであおぞら銀行からの融資を獲得したが、当然鈴木も秋田も個人名義で保証人に名前を連ねており、巨額の返済を迫られることになる。しかし、逆立ちしても六十億円近い金額は返せない。そうなれば二人は破産だ、と秋田は唸った。とにかくスポンサーを探し、活動資金を集め、レースを戦わなければならない。必死の資金集めが始まった。

実は、スーパーアグリはチーム立ち上げの正式発表がなされる前の二〇〇五年十月頃から、ある企業とスポンサー契約に関して話し合いを始めていた。その企業は二〇〇〇年に設立されたウェブ関連システムの開発や情報処理サービスを請け負う会社だ。この話は当初、スムーズな展開を見せ、鈴木も非常に乗り気だった。

話し合いは続き、日本チームの立ち上げにはシーズン前にイベントが必要ということで、二〇〇六年二月十一日に東京・原宿の表参道をジャックするというイベントに発展した。表参道の街路灯にはスーパーアグリのフラッグが掲げられ、ダイヤモンドホールの特設会場で鈴木亜久里のトークショーをメインにプロモーション・イベントが開催された。このイベントの協賛をそのIT企業が行ったのだ。しかし、その後両者の間の話し合いは頓挫、結局その会社はスーパーアグリのスポンサーとして登場することはなかったのだ。というのも、現実には同社にスーパーアグリを一年間支える資金の裏付けがなかったのだ。一年間のF1グランプリ活動経費約七十億円は、大企業にとっても大きな投資額である。そして、投資額を上回る回収が可能かどうかはその企業の姿勢次第。現実的に体力のある会社でなければ無理なことだ。こうしてスーパーアグリのスポンサー探しは、シーズン開幕まで僅かな時間を残して白紙に戻った。

ところで、鈴木亜久里がF1チームを興し、F1グランプリに打って出るという噂が流れると、「俺が支援してやる」という輩《やから》がどこからともなく三々五々集まってきた。

これは実に不思議な現象だった。いま考えると、そうした輩は何もスーパーアグリを支援しようとした者でもなく、F1グランプリに価値を見いだしていた者でもないことが分かる。彼らは金の臭いに敏感であり、常にアンテナを立てて世の中を睥睨《へいげい》しており、そこに自分たちに有利な関係を築こう、あるいはあわよくばその企画に乗って一儲けしようという魂胆を持つだけの存在だったりした。

ここにひとつの興味ある事例を紹介する。岡宏雄という男がいた。二〇〇五年十一月、スーパーアグリに接近してきた。紳士然とした岡は、鈴木と秋田を前に、「よろしい、私が供託金、活動資金の合計百三十億円全額を支援しましょう」と切り出した。実は、岡は以前にも飛行機を買う話を持ってきて、鈴木や秋田を戸惑わせたことがあった。だから、彼らは岡に対しては警戒心を持っていた。だが、いつの間にか岡の話が真剣味を帯びてきて、鈴木も秋田も気持ちの中で当てにするようになっていた。頭の中の考えと気持ちがうまくすり合わないまま、時間が過ぎていった。

結局、岡は謎のまま消えていくのだが、その前にスーパーアグリに東京三菱銀行本店に口座を開かせるなどして、信用させようとした。ただ、銀行口座に巨額の資金があるというわりには、銀行に行っても特別な待遇を受けるわけでもなく、普通の客と同じ窓口に並んで口座を開設するなどおかしな行為が目立った。

「その時点で気づいていたんですが、私も鈴木も、この話がもし本当だったらいいよね、という気持ちがあって完全に無視することが出来なかった。この話が駄目にならなければいいけど、という気持ちがあったんでしょうね。裏を返すと、我々はそれほど困っていたわけですよ」と、秋田は振り返る。

実は、スーパーアグリはこの岡なる人物と一度は契約を結んだ。そして、当初は実際に岡から入金があったのだ。契約金額を何度かに分けて送金するという約束で、最初の数回はそれが履行されたのだ。だが、すぐにそれは休止され、その後岡からの連絡は一切なくなった。だが、岡に対応した秋田は、その人物のおかしな行為に関して次のように思っている。

「その人は書類マニアでした。カラーコピーをした様々な書類をたくさん持っていて、ホテルの部屋でベッドの上に並べて説明をしてくれたんです。ファンドだとか何だとか、言っていることがよく分からない。多分、ウチとの契約書類もコピーにして持っているはずです。恐らく、それを使って次の獲物を探しているんじゃないでしょうか」

幸いなことに、スーパーアグリは岡の網にはかからなかった。それより何より、スーパーアグリとソフトバンクとの契約話が進み始めた頃、岡との契約が邪魔になると考えた秋田が岡に契約を破棄したいので契約書を返してほしいと伝えると、オリジナルの契約書がすんなりと返ってきたのだ。秋田は鈴木と見つめ合って、いったい岡なる人物は何者だったのかといまでも狐につままれた感じでいる。そして、岡の名刺に書かれた住所を訪ねたら、ある街の市役所だった、という落ちまでついた。

しかし、現実として日本という国でF1グランプリというスポーツに参加するためのチームを設立し、活動資金をスポンサーに頼ってやっていくということの難しさは、鈴木亜久里の先達たちも嫌というほど味わっている。これまで日本からチームとしてF1グランプリに打って出ようとしたコンストラクターは多くはない。敢えて言えば一九七〇年代のマキF1、そして最近(といってもすでに十年以上も前の話になるが)ではレーシングカーメーカーの童夢がその野望を抱いたことがある。マキF1は別として、童夢は試作車まで完成させたが、やはり活動資金の目処が立たず実際の活動へ移る前に計画を見直さなくてはならず、結局計画だけに終わったのを知っている。

「絶望的です。日本にはモータースポーツも自動車文化も育っていない」という、童夢・林みのる代表の言葉が耳に残っている。

それでも、スーパーアグリはF1グランプリを戦う活動資金を捻出しなければならない。その方法として電通と手を組んで日本の企業を当たったが、色よい返事は返ってこなかった。秋田は思い出す。

「供託金捻出の話は別として、一番辛かったのは二〇〇六年の二月から開幕までですね。エントリーは決まったんですが、極端なことを言えば、その時にスポンサーがひとつもなかったんですから」

開幕戦バーレーンGPまでの間の出来事は、鈴木も秋田も詳しい話はしたくないという。よほどの苦労があったとみえる。幾つもの企業にアプローチし、幾つもの企業に理解してもらえなかった。日本ではF1グランプリの価値は本当に低いという現実に、二人はがっくりと肩を落とした。しかし、ひとつの挫折が次の道を開いてくれた、という。こんな話もある。二〇〇六年二月、開幕戦まで一ヶ月という時点で、あるスポンサーが名乗り出た。名前はここでは公表できないが、そのスポンサーはスーパーアグリの二〇〇六年の活動をすべて面倒見ようと大見得を切っていた。そのスポンサーは、「F1活動には幾らかかるんだ？　週単位にして必要な経費を出してくれ」と、秋田に言ってきた。この時点でおかしな話だと感づくのが普通だろうが、鈴木も秋田もせっぱ詰まっていた。秋田が年間に必要な経費を計算し、それを週単位にまとめてそのスポンサーなる人物に伝えた。あとは入金を待つばかりだった。開幕戦バーレーンは目と鼻の先まで迫っていた。

ところがいくら待ってもその人物から入金はない。調べるとその会社には実体がないことが判明した。振り込まれてくるはずのないお金を待っていたのだ。希望は霧散し、また元の無一文に戻ってしまった。鈴木と秋田は南青山の事務所で二人で知恵を出し合った。社員が帰宅した後も二人は膝をつき合わせて頭を抱えて、朝の五時まで対応策を練った。だが、これといった良い方法は思いつかなかった。

そこで万策尽きた秋田が鈴木に言った。

「チームを売っちゃおうよ」

秋田には秋田なりの考えがあった。もうこれ以上鈴木が頭を抱えるのを見たくなかった。

「ホンダのエンジンを使っているわけだから、他の自動車メーカーが売ってくれって来てもそれは無理。でも、アメリカのペンスキーだったら買うんじゃない?」

ペンスキーはアメリカで自動車ディーラー、レンタカー会社などを広くビジネス展開する優良企業だ。モータースポーツへの造詣も深く、IRLというフォーミュラカーレースをはじめ、多くのカテゴリーでレース活動を行っている。

F1グランプリの活動経費は、おおよそ七十億円もあれば賄《まかな》えることが分かっていた。ペンスキーならそれぐらいの資金はすぐに出せるはず。一年だけ鈴木亜久里をチームオーナーにさせてもらい、二年目からはペンスキーの好きなように運営すればいい、とペンスキーに打診した方が良いのではないか、と秋田は真剣に考えた。もうエントリーは受理されている。ペンスキーがチームを走らせてくれれば、払い込んだ供託金も返ってくる。そうすれば誰に迷惑をかけることもない。これしか残された道はない、と秋田は思った。しかし、鈴木はもうひと踏ん張りしてみる、と秋田の提案を保留した。

まだ挑戦も始まらないうちから最悪の事態になることは避けたい。鈴木亜久里が立ち上げたチームが、緒戦に出ようと思ったらチームのオーナーが替わって、チーム名も変わっていたら、スタッフたちのモチベーションはどうなる。鈴木はここまで辿り着いたプロジェクトを、なんとしても成功させたかった。

しかし、一年目の活動経費は、以前から共にスポンサー獲得に動いてくれていた広告代理店・電通との間で、保証はされていた。スポーツ局がスポンサーを獲得してくることを前提に、活動資金を提供してくれることになっていたのだ。スポンサーが決まれば、そこからの資金と手数料が電通に入る仕組みだった。

結局、電通はスポンサーを獲得できなかったが、スーパーアグリは契約通り電通からの資金を手に入れ、一年目の活動が可能になった。その結果、つまり、スーパーアグリF1チームはシーズン開始前にチームを身売りするような事態にならず、開幕戦バーレーンGPのグリッドにつくことが出来たのだ。

お金の話は、これくらいにしよう。

SA05、完成す

日本で鈴木亜久里と秋田史が活動資金の工面に汗を流していた頃、イギリス・リーフィールドの工場では着々とSA05の製作が進んでいた。SA05に関しては、シャシー(車体)ではホンダの協力が得られなくなった結果として、四年前のアロウズA23を元ミナルディ・チームのオーナーであり、航空会社を経営するポール・ストッダートのもとから買い取って、それを改良して当てることが決まっていた。

リーフィールドはオックスフォードからクルマで一時間ほど。牧草地以外は何もない場所にある。工場で働くスタッフは、「周辺にはヒツジ以外我々の言葉が分かる者がいない」と、冗談を言うほど。そうした牧草地の中にぽつんと工場がある。もちろん大きな工場だ。しかし、その建物さえ小さく見える。高い山もないイギリスの田園風景だ。

そのリーフィールド工場に三台のアロウズA23が届けられたのは二〇〇五年十一月十四日。その日から大改良が始まるのだが、このアロウズ改良プログラムを指揮したのはかつてアロウズで働いたこともあるマーク・プレストンだった。彼はスーパーアグリF1チームにチーフテクニカルオフィサーとして就任したばかりだった。

マーク・プレストンはオーストラリア生まれの三十七歳（当時）。メルボルンのモナッシュ大学を卒業。大学時代からレース関係以外には全く興味を持たず、卒業と同時にボーランド・レーシングという小さなチームで働いた後、オーストラリアの自動車メーカー、ホールデン・スペシャルビークルに職を得た。そこでしばらく働くも、F1グランプリへの憧憬冷めやらず、トム・ウォーキンショウが買い取ったグランプリチームのアロウズに加わるために渡英、六年間をそこで過ごした。アロウズでは最終的に開発部門を委《まか》されるようになるが、ウォーキンショウがチームを売却すると同時にマクラーレンに移籍、そこではボディ構造の主任デザイナーとして二年間働いた。マクラーレン時代の同僚にスーパーアグリでチーフオペレーティングオフィサーを務めるケビン・リーがいる。

そのプレストン、マクラーレンで二年働いた後、ケビン・リーと共にチームを辞してシルバーストン・サーキット内にあるイノベーションセンター内にオフィスを持ち、F

1チーム設立に向けて動き始めた。同時にオックスフォード・ビジネススクールに入って経営学を学ぶのだが、その理由は自らF1チームを興して運営するためだった。プレストンは現代のF1チーム運営には、知識としての経営学が必要だと分かっていたのだ。しかし、自分のチームを立ち上げる夢を捨ててスーパーアグリに参画した理由は何か？

「F1チームを立ち上げることが難しいことだというのはよく分かっていた。しかし、難しいから挑戦する意味もある。スーパーアグリから誘われた時には、これは僕が考えていることと同じだと思ったんだ。つまりゼロからF1チームを立ち上げるプロジェクトに関われるということ。チーム全体の決定権は僕にはないけれど、エンジニアリングに関してはすべて僕が取りまとめる。こんなエキサイティングなことはない」

プレストンはスーパーアグリF1チームに加入して、それまで自分で立ち上げようと夢見ていたF1チーム設立に力を貸すことに賭けたのだ。こうしてスーパーアグリF1チームの最初のF1マシン、SA05の開発が始まった。だが、SA05の開発は当初から高い戦闘力を備えたクルマの完成を目指したものではなかった。まずFIAのレギュレーションに合致し、その上でまともに走るクルマを作ることが出来ればいいとプレストンは考えた。なにせ四年間も放っておかれたクルマを再生させるのだ。リスクは非常に大きかった。

「正直言って、まともに走るクルマが出来るかどうか心配だった。でも、アロウズA23に関しては僕が一番よく知っている。というのも、アロウズで働いていた時にA23を扱っていたのは僕だからね」

プレストンはリーフィールドの工場にアロウズA23が運び込まれる前から、自ら開発に関わったそのクルマの設計図を取り出し、どこに手を加えればいいか検討を始めていた。少しでも開発の時間を削るための作業だったが、自らが苦労して作り上げたクルマだけに、懐かしさも覚えた。

「基本的にA23はよく出来たクルマだったと思っている。サスペンションはしっかりと剛性を考えて、とてもうまくデザインされていた。そうした部分にはあまり手を加えなくてもいいと思ったが、時間が経つと経年劣化する油圧操作系とかは信頼性の点で完全な見直しが必要だと考えていた。まあ、実車を見て、僕の考えは間違っていなかったと思った」

では、実際の作業はどのように行われたのか。

作業の核は三つあった。一つ目は二〇〇六年のレギュレーションに合致するようにクルマを改良すること。二つ目は厳しくなったクラッシュテストに合格すること。三つ目はホンダのRA806Eエンジンを搭載するための改良だ。こうして文字で書くと簡単なように思われるが、それぞれの作業には相当の時間が必要だ。アロウズA23がリーフィールドのプレストンのもとに届いた時には、二〇〇六年シーズン開幕戦までの時間はすでに四ヶ月を切っていた。この時点で三つの核となる作業を順番に行っていると、とても間に合わないことをプレストンは知っていた。そこでプレストンは三つの作業を三台のA23にそれぞれ特化させて同時進行で作業を進める手法を取った。これで開発作業の時間は大幅に削られることになった。

「僕と、チーフデザイナーとして二週間ほど前にチームで働き始めたピーター・マックール、それに空力担当のベン・ウッドの三人がそれぞれ指揮を執る形で、三台のクルマで重要な三つの開発を行うことにした。こいつは我ながら良いアイデアだと思ったね」

この三つの作業で最も時間がかかるのが、二〇〇六年のレギュレーションに合致するようにクルマを変更していくことだった。これは、空力性能を左右する大きな変更だった。まず、フロントウイングの地上高を上げなければならなかったし、フロア下を流れる空気を後部に吐き出す空力部品の後端の長さを短くすること、リヤウイングの取り付け位置を前方に持ってくることも必要だった。その作業を行った結果、SA05のダウンフォースは、ベースになったアロウズA23と比べると三〇％も減少することになった。減少したダウンフォースは取り戻さなければならない。しかし、どうやって？

「失ったダウンフォースを取り戻すのには、かなり苦労した。他のチームは二〇〇五年の規制でダウンフォースが二〇％程度落ちていた。でも、失った二〇％のダウンフォースはこの一年間でほぼ取り戻してきている。それを考えると我々のクルマは彼らのクルマと比べて、単純に計算しても三〇％のダウンフォース差があることになる」

スーパーアグリF1チームのリーフィールドの工場には、自前の風洞実験の設備はない。そこでプレストンとウッドはローラ・カーズの風洞を借りてダウンフォース取り戻し作戦を開始した。ローラ・カーズの風洞は、他のトップチームの設備のように一日二十四時間使用することは出来なかった。そこで、一日十六時間の契約で借り受け、実験グループを二交代制にして、三週間にわたって作業を続けた。非常に細かい念のいる作業になったが、細かな空力パーツを取り付けたり、ボディカウルの形状を変えたりすることで、まずまず成果を上げることが出来た。もちろん、A23はそもそも四年前のクルマであり、空力に対する考え方がすでに古くなっていた。だからA23がベース車両として持っていたダウンフォース値自体、最新のライバルチームのクルマと比べて決して同等とは言えなかった。最初から苦労はつきものだったのだ。しかし、風洞実験を繰り返し空力性能の向上に努めた結果、現行の規定に沿ったパッケージに改良しても、想像以上のダウンフォース値向上が叶えられ、プレストン以下関係者は胸をなで下ろした。

しかし、この空力パッケージの変更と並行して行っていたクラッシュテストでは、かなり厳しい検査をクリアしなければならなくなっていた。テストには衝突試験と荷重試験があり、前者に関しては二〇〇二年以降基本的に変更はなされていないが、後者に関しては車体の先端部品や、マシン転倒時にドライバーを保護するロールオーバーバーの強度などの細かいテストを、衝突試験を受ける車体と同じものを使い、連続して受けなければならない仕組みだった。二月六日には、後方衝突以外のすべてのクラッシュテストに合格したが、このテストに合格するためにモノコックの形状を少し変更する必要があり、それは結局ボディカウル形状の変更につながり、そのせいでダウンフォースが再び低下する結果を招いてしまった。また、当時のA23には排気量三リッターのV型一〇気筒エンジンが搭載されていたが、新しい規定により製造された二・四リッターのV型八気筒エンジンの搭載を可能にするためのボディ後部の形状変更やギヤボックス取り付け周辺の変更も、空力に少なからず影響を与えたようだ。

「現代のF1カーで戦闘力に最も大きな影響を与えるのが空力。アロウズA23は空力的には一時代古いので可能な限りアップデートしたが、現行のレギュレーションに合致させるとどうしてもマイナス要素が出てくる。そのマイナス要素を可能な限り削ったのがSA05だが、トップチームのクルマに比べてどうしても一五〜二〇%はダウンフォースが不足している。でも、最善を尽くしたと思う」と、プレストン。

三台目のアロウズA23では、ホンダ・エンジン搭載のための改良が行われた。A23は一〇気筒エンジンのフォード・コスワース・エンジンを搭載していたため、ホンダV型八気筒エンジンを載せるにはモノコックのエンジンマウント部、リヤサスペンションの取り回しなどに手を加える必要があった。ただ、開幕前に少しでもテスト走行を希望するエンジニアたちにとれば、エンジン搭載のための大幅な変更は時間不足から無理な注文だった。なるべくボディワークをいじらずにホンダ・エンジンを載せることを考えた。

だが、エンジンを搭載するということは簡単なことではない。冷却用のラジエター、オイルクーラーの取り回しはもちろん、ギヤボックスの搭載、エンジンマネージメント用のコンピュータや電気系パーツやそれらを取り巻く配線のマウントなど、実に煩雑で多くの作業が要求される。これらは限られたスペースに押し込まれるわけで、それらを覆うカウルの形状にまで影響が出る。ギヤボックスに関しては、二〇〇六年型ホンダRA106と同様の新型ではなく、ホンダが二〇〇五年に使用した旧型を搭載することになり、そのためにSA05のリヤ部分は重量がやや重くなる傾向がある、といった具合だ。

ホンダ・エンジンの搭載やギヤボックスのマウントは、ホンダの技術者が指揮をしてスーパーアグリのスタッフが担当したが、プレストンはホンダの技術者の仕事ぶりに大いに驚いたという。

「ただただ凄いの一言だね。エンジンを搭載してギヤボックスをマウントし、電気系とコンピュータのソフトウエアを取り付けてたった二日でエンジンを回し、ギヤボックスを動かしてしまったんだ。脱帽ものだよ」

ところが、プレストンが感心したホンダの技術者は、大変な思いをしていたのだ。簡単にエンジンが搭載できたわけではなかった。スーパーアグリF1チーム担当責任者の小池明彦は、振り返る。

「彼らはストッダートからクルマを買う時に図面も全部買い取ったと言っていましたが、やっぱり全部は揃っていなかったようです。だから、エンジンやギヤボックスを搭載する時には大変でした。マウントが全く違っていましたから、色々と工夫して搭載しなければならなかったんです。だから、必要な剛性はどうしても得られませんでした。とにかく現場合わせの作業が多く、高精度なクルマは作れませんでした」

それはそうだろう。考えてみると、四年前のクルマのモノコックに完成したばかりの新品のエンジンを載せること自体、そこには破綻が生じるはずなのだ。その破綻は必ず何かの問題として出てくるはずで、その問題を可能な限り少なくすることがプレストンをはじめとする技術者の仕事だった。そして、彼らはその仕事を手際よくこなした。

こうした作業は二〇〇五年十一月半ばから始められ、時間に追いかけられながら続けられた。それでも時間がないことには変わりなく、実戦に登場するクルマがイギリス・シルバーストンでシェイクダウン走行をしたのは、開幕戦バーレーンに送り出される三日前の二月二十八日だった。この間の作業の状況を詳細に記した記録があるので、ここで紹介しよう。

二〇〇五年

十一月十四日　三台のアロウズA23がリーフィールド・テクニカルセンターに到着。

十五日　エアロダイナミクス・プログラム会合。

二十一日　エンジン組み付け作業に着手。

三十日　風洞モデルが到着。

ギヤボックス製造会社のXトラックとギヤボックス・パーツ供給に関して話し合い。

十二月一日　ブレーキキャリパーの設計に着手。

二日　電子制御関係をまとめるチームが業務開始。
五日　コンポジットデザイナーが業務開始。
七日　ホンダとギヤボックス会合。
十二日　燃料タンクに関する会合。
十五日　ブレーキ・サプライヤーとしてヒトコが参加。
　ワイヤリングモックアップ（配線検討用実物大模型）完成。
十九日　ブリヂストンと初会合。
　初回五日間の風洞実験がスタート。
二〇〇六年
一月六日　レースカーの改造作業に着手。
九日　第二回五日間の風洞実験がスタート。
　ボディワークデザインが決定。
十六日　最初のクラッシュテスト（サイドインパクト、プレテスト）が行われる。
　ギヤボックス取り付けテスト。
十八日　佐藤琢磨がシート合わせ。
十九日　井出有治がシート合わせ。

二十三日　第三回五日間の風洞実験がスタート。
三十一日　ウイング、冷却関連部品の設計が終了。
二月六日　三日間のギヤボックス取り付けテストがスタート。
　FIAによるモノコック・ホモロゲーション（前面及び側面のクラッシュテスト）を受ける。
　システムチェック用のクルマの製作開始。
　ホンダよりRA806Eエンジンが届く。
十三日　第四回五日間の風洞実験がスタート。
十四日　システムチェック用クルマがケンブル飛行場でロールアウト。
十六日　バーレーンGP用レースタイヤの選定。
二十一日　バルセロナのFIA公式合同テスト三日間にシステムチェック用クルマが参加。
二十四日　リヤ・クラッシュテスト完了。
二十八日　シルバーストン・サーキットで実戦用SA05の初走行。

ここに示したように、F1カーの製造は複雑なマトリックスを描いている。スーパーアグリの場合には、ゼロからクルマを製作する時間がなく、四年前のアロウズA23を改造しながら二〇〇六年のレギュレーションに合わせる作業が行われた。これは、考え方によれば新車をゼロから製作するより煩雑な作業が要求されたように思われる。ただし、開発の時間は随分と短縮できる。

「三台のA23を入手して、それぞれのクルマで三つの開発を並行して行ったが、もしゼロから設計していたら、とても間に合わなかった。図面を引いてクルマを作り、テストをし、結果次第で二号車、三号車を製作するとなると、少なくとも九ヶ月はかかる。それが、元々あったモノコックを使えば、三ヶ月足らずで完成する。それにはプログラムを綿密に組み、やり直しはきかないという覚悟の上で作業を進める必要があった。なんとかうまくいったが、フラストレーションは溜まった」と、プレストン。

アロウズA23の使えるパーツ、システムなどは極力そのまま使用したが、それでも数々の手直しがあったし、四年で古い技術になるものもあり、交換が余儀なくされた。例えばサスペンション機構の一部であるプッシュロッドはこの四年間に革新的な技術が取って代わったということはなく、SA05用のプッシュロッドもA23のものを流用することが出来た。しかし、ホイールやブレーキを取り付けるアップライトなどはここ数年ですっかり材料が変わった。以前のチタニウム製は姿を消し、マグネシウムで製作するのが当たり前になっていた。

こうしてまず完成させたのが、様々なシステムをチェックするための第一号車。これは完成してすぐにリーフィールドの工場に近いケンブル飛行場に運び込まれ、報道陣をシャットアウトして走行テストが行われた。飛行場のタクシング用道路を使っての直線路走行のみだったが、エンジンとギヤボックスの擦り合わせ、制御系のシステムチェックなどが主として行われ、まずまずの感触を得た。二月十四日のことだ。ステアリングを握ったのは佐藤琢磨。翌十五日には井出有治が担当した。井出はこの日初めてF１マシンのステアリングを握った。

このテストでは、もちろんクルマの走行性能テストといった点にまで踏み込むことはなかった。それゆえ、後にホンダの小池が指摘する剛性の問題などはまだ顕著には出てこなかった。とにかくホンダＲＡ８０６Ｅエンジンがしっかりと回り、旧型ケースに入ったトランスミッションもしっかりと仕事をし、ＳＡ05は元気な産声を上げたということが確認できたに留まった。

SA05、走る！

二月下旬のヨーロッパはまだまだオーバーコートが必要だ。スペインに下ってもまだ肌寒い。バルセロナは地中海に面する街だが、ひと山越えたところにあるサーキットは日差しが陰るとたちまち寒さが襲ってくる。そのバルセロナのカタルニア・サーキットで二月二十一日から三日間、全F１チームが集まる公式合同テストが行われた。この合同テストが、二〇〇六年シーズン開幕戦バーレーンGPを控えた最後のテストになる。

スーパーアグリF１チームはこの合同テストに参加を決めて、テスト車両を持ち込んだ。一週間前にケンブル飛行場で初めて走ったシステムチェック用のSA05で、そのクルマをそのままバルセロナに送り込んだのだ。二十一日の午前十時半、ガレージのシャッターが開き、SA05が顔をのぞかせた。純白の、四年前のアロウズA23の面影を強く残したクルマだ。エンジンカバーとリヤウイングに『HONDA』のロゴ、ノーズの先端にタイヤを供給するブリヂストンの『B』マーク。それ以外には目を引きつけるものはない。このテストを取材しようと多くの日本のメディアが遠路足を運んだ。ヨーロッパメディアの関心も非常に高い。「A23のままじゃん」という声も聞かれる。そう、ほとんどA23のまま。少なくとも外観は。しかし、エンジンは強力なホンダRA806E。カウル内部には随所に改良・進化の跡が見て取れる。

二月二十一日、テスト一日目。まず佐藤琢磨がステアリングを握り、そろそろとコースに出る。しかし、僅か三周で油圧系のトラブルでコース上にストップ。午後になってトラブルを解消して走り始めるが、雨にたたられてスピン。初日は合計十周で走行を終えた。テストを終えた佐藤は、日本のメディアに囲まれた。彼にとれば二〇〇五年最終戦中国GP以来、実に四ヶ月ぶりの走行だった。

二月二十二日、テスト二日目。今度は佐藤に代わって井出有治がSA05に乗り込んだ。井出は、鈴木亜久里に自薦してF1ドライバーというポジションを手に入れた。しかし、そこに自信があったとは思えない。テスト当日の緊張ぶりを見ると、初めてのF1ドライブに自らの将来を懸けているように受け取れた。鈴木がF1チームを興してグランプリに挑戦するより、さらに大きなリスクを背負ってF1に乗り込んできた感じさえした。

井出のドライバーとしての力はF1界では未知数である。未知数のドライバーを走らせることはチームにとれば賭である。井出の起用はスーパーアグリF1チームには賭だった。だが、バルセロナのテストで見せた力は決して低くなく、チームのスタッフからは賞賛の声も上がった。では、テストで井出は何をしたか？「チームの決めたメニューを的確にこなしただけ」（井出）だ。「変に自分をアピールしたり、速く走ろうとは思わなかった」と言う。その日、井出は三十九周を走り、一分二十四秒四五五のタイムを出し、ギヤボックスのトラブルでテストを終えた。プレストンは、「素晴らしい仕事をしてくれた。おかげで貴重なデータを多く取ることが出来た」と、評価した。

テスト三日目。再び佐藤がテストカーを走らせた。ギヤボックスのトラブルが再発、五十五周でテストを終えた。もっと派手なトラブルが出るかも知れない不安があったが、総じて実りのあるテストだったと言えた。三日間を振り返って佐藤は感想を述べている。

「システムチェックがメインのテストだったので、クルマのセットアップを施すというようなことはありませんでした。初めて二・四リットルV8エンジンを搭載し、四年前のA23の空力パッケージで走ったようなもんです。しかし、タイヤの進化が凄くてクルマがそれを受け止めきれない感じでした。全く剛性不足でした」

「他のクルマに比べてダウンフォースが少なく、特にフロントに足りず、アンダーステアが出てクルマが全然曲がってくれないんです。クルマのバランスも良くない。エンジンの搭載をギヤボックスのシャフト位置に合わせているので中心がずれているし、とにかく重量が重い。これじゃあレースは厳しいなあと思いました。でも、空力パッケージを新しくするとダウンフォースはさらに減ると聞いて、どうしようかと思った」

これが佐藤琢磨のSA05の最初の印象だ。とても戦いに使える武器ではない、という感じだ。このシステムチェック用のクルマとは別に、二〇〇六年用空力パッケージを施したクルマは、プレストン以下空力関係スタッフの尽力でダウンフォース値は随分と向上した。だが、他チームの進化はさらに急進的で、SA05が実戦に出て行った時にも、まだダウンフォース値にして二〇％の差が歴然とあったという。これは、シーズンを戦いながら改良していくしか手はないということだった。

バルセロナでシステムチェック用SA05がテストに参加した三日後、懸案だったリヤのクラッシュテストが行われ、FIAの厳しい基準を通過した。これでSA05はすべてのテストを完了、実戦への参加資格を得たことになる。そして、二月二十八日、二〇〇六年F1シーズンを戦う最終的な空力パッケージをまとったSA05がシルバーストン・サーキットに登場、シェイクダウン走行を行った。その後、リーフィールドの工場へとって返したSA05は解体され、ひとつひとつのパーツを確認しながら梱包が行われた。バーレーンへ向けて出発するブリティッシュ・エアウェイズに積み込まれたのは、三月三日のことだった。運命のバーレーンGPは、三月十日・金曜日に幕を開ける。

三月八日、日本からバンコク経由で鈴木亜久里と井出有治がバーレーンに向けて出発した。鈴木は道中ずっと来し方を振り返り、感激に胸を熱くしていた。いま自分はF1グランプリに自分のチームを出場させるためにバーレーンに向かっている。これまでいくつもの難関があったが、そのたびに何人もの人に助けられてここまで来た。一人の力ではいかんともし難い問題も、いつも誰かが手を差し伸べて助けてくれた。僕の夢を叶えるために多くの人が汗を流してくれた。そのことは忘れまい、と思った。彼らに返すものは、レースをしっかりと戦うことだ、と自らに言い聞かせた。

井出有治は暗くなった機内で目が冴えて眠れなかった。これまで培ってきたドライバーとしてのすべてを出し切れば、F1なんか恐れるに足らずだ、と考えるように努めた。日本国内の最高峰レースであるフォーミュラ・ニッポンでの優勝は、F1へ挑戦する自信になった。「自分の思うように走って来い」という星野一義の声が耳に残っていた。井出は前の年、星野のチームでフォーミュラ・ニッポンを戦っていたのだ。その星野の声に押されてなんとしてもF1を征服してやろう、と考えた。そのために退路を断って日本を発ってきたのだ。しかし、テスト不足、練習不足の不安は時間の経過と共に大きくなった。レース前にこんなにも走っていなくて大丈夫だろうか、と頭を横切る不安を払拭することで精一杯だった。

二人を乗せた飛行機はバーレーンに向けて高度を下げ始めた。バーレーンではヨーロッパから一足先に入っている佐藤琢磨が待っているはずだった。

CHAPTER

4

いざ、出撃

バーレーンへ

「一番心配だったのは、ここにクルマが着いているかどうかだった。ガレージの中にあるのを見て胸をなで下ろしたよ」

二〇〇六年三月九日・木曜日、灼熱のバーレーンGP。サキール・サーキットのパドックに設《しつら》えられたチーム用ホスピタリティハウスの前で、鈴木亜久里が白い歯を見せた。鈴木の頭上高くから太陽は眩しく熱い光線を降り注いでいる。

二〇〇二年の開幕戦オーストラリアGPのパドックでパナソニック・トヨタ・レーシングの高橋敬三テクニカルコーディネーター（当時）が口にした言葉と同じ言葉を鈴木は吐いた。高橋も、トヨタのF1デビューレースになるオーストラリアGPが行われるメルボルンに、ドイツ・ケルンのファクトリーから送り出したトヨタTF102が無事到着しているかどうか、気が気ではなかった。

「手塩にかけて育ててきた子供を送り出すような気持ちでした。立派に巣立ってくれるかどうか、その第一歩という感じだったんです」と、高橋は説明した。親心はいつの時代も変わらない。鈴木の場合、高橋と比べて遥かに難産だった子供だけに、その成長ぶりにはより神経を尖らせていたのだろう。日本から現地に向かった鈴木が、イギリス・リーフィールドの工場から送り込まれたSA05に開幕戦バーレーンで再会できた時には、本当に嬉しそうだった。

その日、スーパーアグリF1チームの記者会見が、ブリヂストンのパドッククラブを借りて急遽行われた。チームの白いシャツに身を包んだ鈴木を中央に、向かって左側に佐藤琢磨、右側に井出有治が座った。二人のドライバーは赤いTシャツ。三人の中で一番嬉しそうな表情をしていたのは鈴木だった。しかし、喜びに満ちた表情の下には、これから先のことを考えると夜も眠れない鈴木の本当の顔があった。その気持ちを、こう言葉にした。

「ここバーレーンに自分のクルマがあることはエキサイティングで嬉しいけど、自分の頭にあるのは前に進むしかない現実。次に自分が進むコマを考えるとプレッシャーを感じる」

そのプレッシャーとは、「クルマを速くすることと、チームを強くすること」と日本のメディアには伝えたが、現実はそれだけではなかった。鈴木は、スーパーアグリF1チームが問題なく初シーズンを終えるだけの活動資金の確保に頭を悩ませていた。実は彼らは活動経費を満足に準備できないまま、見切り発車をしていた。サーキットに身を置くと目の前の戦いに集中できるが、ポッと時間が空くと鈴木の頭の中にはすぐに資金調達に追われる自分が登場した。工場で働く百人を超えるスタッフと彼らの家族の生活がかかっていた。鈴木はそこから逃れられなくなっている自分に気づいて、どうしてもチームを成功させなければならないと決心した。

F1グランプリの週末はテストとはやはり違って、華やいだ雰囲気に包まれている。その雰囲気は何年も経験を積んできたチームでも、スーパーアグリのように初めてのチームでも、分け隔てなく包んでくれる。しかし、その雰囲気に飲み込まれているわけにはいかない。チームは自分たちがなすべき目前の仕事に集中しなければならない。

スーパーアグリF1チームはバーレーンの現地に入ってから、これまでの準備期間に出来なかった様々なタスクをこなさなければならなかった。これらのタスクは、トップチームなら二〇〇六年用のクルマが完成してすぐに手を付けている事柄だが、スーパーアグリは残念ながらそれが出来なかった。というのも、二〇〇六年用のクルマSA05が完成したのは本当にギリギリの開幕一ヶ月前だったからだ。バーレーンに来る前に走り込んだのは二月二十一日から三日間のスペイン・バルセロナのみ。走り込んだと言っても、実際には各部の擦り合わせを行い、走行距離は僅か四百キロメートル程度だった。他のチームが積極的に冬期テストで走り込んだ距離は二万キロメートルとも三万キロメートルとも言われており、スーパーアグリのクルマが走った距離に比べると七十倍以上になった。レーシングカーの性能を上げていくには、まず走行距離を稼ぐことが第一義だった。実際に走ってみなければ分からないことが多かった。

だから、チームはバーレーンに来てからやることが山のようにあった。しかし、金曜日の午前中に走り出してみなければその問題も分からなかった。

三月十日・金曜日。午前十一時に練習走行が始まった。スーパーアグリのガレージでは二人のドライバーがSA05のコクピットに収まった。ガレージ前には二十〜三十人のカメラマン、ジャーナリストが集結した。長い間変わらなかったF1の顔ぶれに新しい顔が参加する。その期待感が溢れていた。そのチームは、かつてF1ドライバーとして活躍した鈴木亜久里が興したチームということに加え、ホンダが全面的に支援するチームという期待もあった。カメラマンはその一瞬をレンズに、ジャーナリストは記憶に焼き付けようと目を見開いて二台のSA05がガレージから出てくる瞬間を待った。

SA05は白地に赤いラインがアクセントとして入っているシンプルなデザインだった。忍者が使う手裏剣のような、それでいてSという字をふたつ交えたようなマークも描かれていた。全体的に無国籍なイメージだった。鈴木はそのデザインを見て、「西洋人が考える日本のイメージなんだろうね」と、うまい表現をした。その鈴木にしても、そのデザインを目にしたのはバーレーンが初めてだったという。

練習走行のセッションが始まって三分ほどして、まず佐藤琢磨がコースに出た。それから二分後に井出有治。井出のクルマは佐藤が一周してきたその後ろについて周回を続けた。佐藤はバーレーンを過去二回走っており、コースのレイアウトも起伏も頭の中にあったが、井出にとれば初めてのコース。慎重にステアリングを切り、アクセルを踏んだ。二人は揃って十五周を走り、午前中の走行を終えた。佐藤のタイムは一分三十八秒一九〇、井出のそれは一分四十秒七八二。この二秒半の差は経験の差とも言えるが、実は井出のクルマは佐藤のそれと比べていくつか不利な点があった。ひとつはフロントウイングが佐藤のクルマと比べて明らかにダウンフォースの得にくい形状をしていたこと。チームによると、佐藤と同じウイングの製作が間に合わなかったためという。他のひとつはギヤボックスの問題だった。井出に言わせれば「設定の関係」ということだが、七速が使えなかったのだ。そのために最高速が伸びなかった。加えてタイヤも佐藤の使う新しい構造のものが使えなかった。とはいえ、トップタイムを出したBMWザウバーのロバート・クビツァから八秒以上離された現実は、厳しいものがあった。

午後、井出はセッション終了間際に燃料ポンプのトラブルでストップしたが、佐藤は順調に周回を重ねた。佐藤はこう振り返る。

「プログラムの半分も消化できませんでしたが、最低限のチェックは出来たと思います。電気系のソフトの見直しや空力バランス、メカニカルバランスなどのデータは採れました。それに、車高やタイヤの内圧などの基礎も読み取れたと思います」

土曜日は予選日。予選はセッションが三つに分けられてタイムの悪い方から六人ずつ落ちていくノックアウト方式。スーパーアグリの二人は最初のセッション（Q1＝クオリファイ1）で蹴落とされ、それ以降のセッションには進めなかった。佐藤が一分三十七秒四一一で二十番手、井出が一分四十秒二七〇で二十一番手。井出はキミ・ライコネンが起こした事故の処理でセッションが赤旗中断になったことで、タイムアタックのタイミングを外された。その結果、赤旗中断後の混雑した状況の中でアタックを強いられた結果がタイムに表れたのだ。しかし二人はとにもかくにも予選通過を果たして、決勝レースに駒を進めることが出来た。
「タイム的なことより、まずは二台が揃って予選を通過できて決勝レースのグリッドに並ぶことが出来たことが嬉しかったですね。僕は午前中、電気系のトラブルでしばらく走ることが出来ませんでした。午後の予選は混雑したコースを走らねばならず手こずりましたし」(佐藤)
「午前中にトラブルが出て十分に走り込むことが出来ませんでした。速いクルマの邪魔になってはいけないし、僕だって速く走りたいしで、結構ジレンマがありました。タイム、走り、順位、どれも納得がいきません。でも、まあ仕方ない。レースでは未知の領域に入っていくわけですが、とにかく想像力を働かせてベストを尽くします」(井出)
そしていよいよ決勝日。午後二時にスタートを切る決勝レースのグリッド上で、鈴木亜久里は来し方を振り返った。
「よくもこうやって二台揃ってグリッドに並ぶことが出来たと思う。正直言って僕も感激している。本当にみんなよくやってくれた。あとは無事レースを終えてくれればいい。ここまで来たことで僕はかなり満足している」
その鈴木をテレビカメラが追う。カメラの前に立つと、鈴木の顔に明るい表情が浮かぶ。よく日に焼けた肌に白い歯が光る。本当はもう精も根も尽きるほど疲れ切っているはずなのだ。ほんの少し方向が違っていたら、とてもこうやって二台のＳＡ05がグリッドに並ぶことはなかったはずなのだ。その危機を乗り切って鈴木はバーレーンＧＰが行われるサキール・サーキットに立っている。

「最後列のグリッドだからといって全く不満はない。ここに並ぶことが出来ただけでいまは満足。これから何台抜いて前に出て行くことが出来るか楽しみだよ」

佐藤琢磨にとれば一年前のグリッドから遥か後方にいる。しかし泣き言は一言もなかった。

「完走を目指します。最初のレースを走りきることの大切さは分かっています」

午後二時にレースはスタートした。結果から先にお伝えしよう。佐藤は一時間三十一分十三秒六二九で五十三周を走りきって、約束通り完走を果たした。優勝はルノーに乗るフェルナンド・アロンソ。佐藤が五十三周を走りきる寸前、彼は五十七周を一時間二十九分四十六秒二〇五で走りきっている。佐藤はアロンソから遅れること四周。この追いつけなかった四周は、ＳＡ05とルノーとの歴然とした差ということが出来た。しかし、佐藤はいつにないすっきりとした表情でクルマから降りてきて、笑顔で記者の質問に答えた。

「とにかく完走を目指しました。どこまで持つか分からなかったので、大事に大事に行きました。決勝レースまで連続六周以上走ったことがなかったのに、よくぞここまで出来たと思います。厳しい言い方をすれば、まだレースはしていません。順位は狙わなかったということです。色々ありましたが、目標通りゴールできたことは素直に嬉しい。チームもまるで入賞したみたいな騒ぎでしょう？　レース中、無線が壊れて何も聞こえませんでしたが、その無線に向かって『ありがとう』と言いました」

色々あった色々とは、無線の故障、燃料補給がうまくいかなかったこと、パンク警告灯の表示ミスなどなど。満身創痍《そうい》のクルマで佐藤は五十三周を走りきったのだ。この初レースでの完走は、佐藤に言わせれば「クルマの限界を引き出しながらの実戦テスト」。第二戦への自信につながったことだけは確かだった。

佐藤の完走に対し、井出のレースは三分の二で終了した。彼もレースの間中、数々の問題を抱えて苦心惨憺《さんたん》の戦いを演じていた。佐藤同様に無線が機能せず、ペナルティーのピットインが遅れた。ギヤがニュートラルに入らず、ピットインでは所定の位置に止まれなかった。Ｓ字コーナーのアプローチでは他車が予想を絶するラインを走行するのを見て驚きもした。しかし、絶対的なスピードは遅く、周回遅れにされる時に神経を尖らせた。

「トップグループのクルマに抜かれる時には邪魔しないようにと思うのですが、僕も速く走りたいし……。最後は燃料ポンプのトラブルだと思います。突然エンジンが止まってしまい、後ろからアロンソやライコネンが来ているのがわかっていたんですがどうすることも出来なかった。ぶつかったら洒落にもならないと気が気ではありませんでした」

走行タイムは佐藤にそれほど差を付けられたわけではなく、チームのスタッフには「軽くなっていたらベストラップも同じぐらいは出ていたはず」と言われた。スーパーアグリF1チーム担当のホンダの小池明彦エンジニアは、「井出くんのトラブルはクルマの剛性不足から来る車体の捻《ねじ》れや振動が原因でしょう」と分析した。

チーム代表の鈴木は、「正直なことを言うと、井出は大丈夫だろうかと思っていたんだ。本当にF1で通用するだろうかって。でも、バーレーンの走りを見て安心したよ。もともとスピードはあるドライバーなので、これから学習していけば立派に通用するようになると思う。一安心というところだね」と、耳打ちしてくれた。

ところで、鈴木はチーム全体の出来をどう見ているのか。彼の言葉は重要な点を幾つも突いている。

「冬場にやるべきテストが出来なくて、我々はレースの場を借りてそのテストをしなくてはならない。だからとにかく走りきって色んなデータを集めること。その部分ではポイントが摑めたと思う。他のチームと比べてラップタイムが遅いのは仕方がない。多分ダウンフォースは他のクルマに比べて二〇%ほども少ないと思う。それにしてもよく走った」

「チームを率いてレースに出るということは、ドライバーとしての戦いとはやっぱり違うからね。いくら小さいチームだといってもスタッフは百人はいるわけだから、プレッシャーのかかり方が違うよ。でもみんな一所懸命やってくれるし、みんなに応援されているからデビューを飾れたんだと思う。レースは参加することに意義があるんじゃなくて勝つことに意義がある。鈴鹿の日本GPに帰るまでにはある程度強くなりたいと思っている」

こうしてスーパーアグリF1チームは、苦難の道を乗り越えて最初の目標である開幕戦への出場を果たすことが出来た。そして、その緒戦で佐藤琢磨の「奇跡に近い」完走が得られた。いまは失うものはひとつもない。前進あるのみだ。

ホンダ協力の限界

鈴木亜久里は幼少の頃、本田技研工業株式会社の創業者である本田宗一郎の膝に抱かれるほど、本田家と鈴木家の両家は親しかったという。その時以来、鈴木とホンダは切っても切れない関係にある……というのは大袈裟だが、鈴木がホンダと共に歩んできた道程は長い。鈴木が今回F1チームを興すに際して、ホンダから強力な支援を獲得したことは周知の事実だ。ホンダの協力がなければこのプロジェクトは日の目を見なかっただろう。

いまやF1チームの立ち上げには自動車メーカーの協力は必須条件だ。三十年も昔なら、エンジンを購入してきて自分たちで作り上げたシャシー（車体）に搭載すればグランプリカーは完成し、相応な活動資金を手元に集めればそれでF1グランプリ参戦という夢は叶った。だが、現在はそう簡単にことは運ばない。一番厚く高い壁は、グランプリカーの高度にして高価になった技術だ。

自動車メーカーのＦ１グランプリ参入にはふたつの理由がある。ひとつは宣伝・広告戦略で、テレビ放映を通して世界中にレースの模様が流れることにより、参加している自動車メーカーの名前は世界中に行きわたる。それによってブランド力を高めるというもの。他のひとつは、技術力の誇示と同時にさらなる開発。自動車メーカーにとれば絶好の技術力誇示の場となる。しかし、自動車メーカーが参入したことで技術はより高度になり、開発経費は高騰、結果的にＦ１グランプリは自らの首を絞めることになった。それが、技術、資金ともに豊富な自動車メーカーでなければＦ１への参入は不可能になってきたという本末転倒の事態を引き起こしていることも事実である。

スーパーアグリＦ１チームがＦ１グランプリへの参入を決めた裏には、ホンダの支援があったからだ。その支援の内容は、エンジンを含めてのパワートレイン全体の供給、車体開発の技術提供、資金援助の三つだ。エンジンを含めてのパワートレイン全体の供給は、開幕戦にはそのすべてが間に合ったわけではない。エンジンはホンダのワークスチームが使用するものと同じものだが、ギヤボックスなどは、ホンダが使用していた新開発の製品はまだ採用されなかった。ゆえに、アロウズの古いギヤボックスケースを使用することになったが、新しいギヤボックスを使用するとなればＳＡ05のリヤ回りを大幅に変更しなければならず、それには進化型ＳＡ06の登場を待つしかなかった。

こうしたホンダの対応に、「もう少しホンダはスーパーアグリの面倒を見てあげたらいいのに」という声が聞こえてきた。ギヤボックスの件はほんの些細な一件だが、ＳＡ

05にもう少しホンダの技術が入っていれば性能はより高いはずだ、という憶測がその声を支えていた。技術的なことだけではなく、スーパーアグリF1チームの活動資金に関してもホンダは支援すべきだと主張する人もいた。だが、こうした声は全く実情と離れたものばかりだった。実情を知れば、ホンダが技術的支援にしても活動資金の提供にしても、非常に多くのものをスーパーアグリに注いでいることに驚くはずだった。

ホンダ本社でスーパーアグリF1チームを担当していた大村英一は、当時、「発表できないことが多いんですが、ホンダとしては亜久里さんのチームをしっかりサポートさせていただいています」と語っていた。またHRD社長の和田康裕（現本社広報部長）も、「亜久里さんとチーム設立の話し合いを進めていた時には、我々が持っているものを効率良く利用できて、亜久里さんのところが容易にF1に参戦できたらいいという考えでした。ですから、当然協力はさせていただいています。ただ、スーパーアグリをホンダの第二チームというような位置づけには考えていません。亜久里さんの所は独自にしっかりとやってほしい。我々ホンダはその活動に対して協力は惜しまないというスタンスです」と明言。

ただ、大きく読みが外れたのがカスタマーカー問題としてその後大きな問題になった知的所有権、あるいは知的財産権という問題だ。何のことかといえば、グランプリカーの車体開発に関しては、車体の設計図、車体そのもの、あるいは開発のノウハウといった知的財産権と呼ばれるものの譲渡や売買は、コンコルド協定において過去二年間に遡って禁止されているという事実である。現行コンコルド協定は二〇〇七年末をもって効力を失い、二〇〇八年からは新たなコンコルド協定が発効することになっているが（実際にはまだ新協定は発効していない）、その新しい協定では知的財産権は譲渡も売買も自由に出来るようになる。しかし、鈴木がF1に打って出ることを決めた二〇〇六年には自由はきかなかった。だから、彼らは参戦に当たりアロウズの四年落ちの古い車体を入手して参戦したのだ。

「知的財産権に関してはFIA（国際自動車連盟）と交渉中でした。もちろんコンコルド協定に謳われていることは承知していましたが、状況が好転しそうな気配だったので、亜久里さんのところはウチが持っているクルマをベースに改良して使うという考えでした。しかし、結局FIAはカスタマーカーに関しては、コンコルド協定が効力を失う二〇〇七年末までは規則を変えることをしませんでした。これはホンダにとってもスーパーアグリにとっても誤算でした」（和田）

車体の提供が出来なくなったホンダは、スーパーアグリF1チームが苦渋の末に選択したアロウズの改良に、栃木の本田技術研究所から技術者を送り込んでそれを助けた。かつてホンダがジョーダンにエンジンを供給した時に担当だった坂井典次をリーダーに、小池明彦など十名程度がリーフィールドの工場に出向して働いた。坂井は二〇〇六年シーズンが始まってしばらくすると担当を外れ、その後は小池がリーダーを務めた。

ホンダがスーパーアグリのアロウズ改良に関して手を差し伸べた箇所はかなりの部分

になる。特に空力面における開発は、B・A・R時代に風洞実験を担当していたエンジニアが全面的に協力した。それは、スーパーアグリがローラ・カーズの風洞を使用し始めるまでB・A・Rの風洞を使っていたことで証明されている。ローラ・カーズの風洞を使用して実験を始めてからも、スーパーアグリに出向している栃木研究所の空力エンジニアが付き添っている。

こうして改良なったSA05が開幕戦バーレーンGPのグリッドに並んだのだ。ベースが四年前のアロウズA23だけに最初から大きな期待をかけるのは無理だったが、結果は佐藤琢磨の完走、井出有治にしてもトラブルでリタイアするまでは競争力の高い走りを見せることが出来た。ホンダのエンジニアの力を借りながらもSA05の開発の中心にあったマーク・プレストンは、バーレーンGPの結果を次のように見ていた。

「想像していたより遥かに良い成績だった。琢磨は最悪の状況を予想していたみたいで、クルマの出来には心底驚いていた。僕も、バーレーンのデータが全くない状態でクルマを作っていったから、他のクルマに比べてどれほどのスピードを発揮できるかさっぱりだった。でも、SA05のパフォーマンスは予想以上だったと思う」

しかし、問題点も多く見つかった。と言うより、多くの問題点を確認できた。

「問題は重量。最低重量の六百キログラムをオーバーしており、バラストを積んで重量配分を変えることが出来ない。アロウズのシャシーをクラッシュテストで通すために補強したので重量が増えたんだ。しかし、シーズン開幕後も開発は精力的に続けており、重量の軽減、ダウンフォースの増加を狙って頑張っている」

ＳＡ05開発継続にもホンダは栃木研究所を中心に支援を続けていた。そのことに関して佐藤はこう見ていた。

「いきなりトップ10に入る状況ではないですね。でも、栃木の研究所の人たちも本当によくやってくれています。近いうちにトロロッソやミッドランドと同レベルにはクルマを持って行けると思います。そこからですね、本当の戦いは」

この佐藤の言葉のように、スーパーアグリＦ１チームは、長い戦いの端緒についたばかりだった。

井出の災難

開幕戦バーレーンＧＰを終えると、Ｆ１サーカスは熱帯のマレーシアに移った。摂氏三〇度を超える気温、七〇％を超える湿度に悩まされながらのレースである。開幕戦で佐藤は完走を果たし、「予想以上の出来」に満足したが、これはスーパーアグリＦ１チームの来歴を考慮しての感想である。レースそのもの、走りそのもの、クルマの性能そのものを考えると、全く満足は出来ない状況で、佐藤は「限界が分かっているゆえのフラストレーション」に両頬を打たれながらレースを戦ったと言ってよかろう。Ｆ１は競争であるがゆえに、ライバルに対して少しでも有利に戦わなければならないし、好結果を残さなければならない。たった一戦を戦っただけで何が分かるのかと言われればそれまでだが、たった一戦で分かることもある。

ピット作業等のフットワークの遅さ。それをスピードアップすることで出てくる障害。スタッフの初歩的なミス。クルマのパフォーマンス不足。これらは第一戦を戦っただけですぐに白日の下になった。それらに対して最も神経を尖らせたのは佐藤である。それでも佐藤はこうした問題解決は早晩なされるものと強く信じていた。

「スタッフのプロ意識は相当高い。経験がないのにびっくりするぐらい良い仕事をしてくれる。みんないまに見てろよっていう気概を持って仕事をしてくれる」という佐藤の言葉がそれを証明している。佐藤のモチベーションは、第一戦の完走を受けて非常に高くなった。その成果は第二戦マレーシアGP、第三戦オーストラリアGPでも発揮された。マレーシアでの佐藤はトロロッソと争って十四位完走、オーストラリアでは一時ホンダのルーベンス・バリチェロを抑える走りを見せて十二位で完走した。少しずつではあるが、確実に完走の順位が上がってきたのだ。

チームメイトの井出は、当初は佐藤のようにはうまく事が運ばなかった。マレーシアではバーレーンのレースと同じトラブル（燃料ポンプ関係）が出て、二戦連続でリタイアを喫した。しかし、オーストラリアでは初めての十三位完走。次第にF1グランプリに慣れてきた様子が手に取るように分かった。だから、次のサンマリノGPが彼の最後のF1グランプリになるとは、誰も予想しなかった。

井出は第三戦オーストラリアGPで初完走を果たしたが、予選ではコース上に立ち往生してセッション中断の原因を作っていた。その前の二戦でもリタイアを喫した時、コース上にクルマを止めてドライバー仲間から不評を買った。しかし、これが井出の実力不足によるものだとは到底考えられなかった。いずれもクルマの突然のトラブルによるもので、井出にはどうすることも出来なかったのだ。

しかし、一緒に走るドライバー以上にライバルチームの関係者、特にスーパーアグリと順位を争う場所にいるミッドランドの関係者が目を光らせていた。それもそのはず、スーパーアグリF1チームが力を付けてくれば自分たちのポジションが後退し、ゆくゆくは選手権順位にも影響が出てくるからだ。そもそもスーパーアグリがエントリーした時に一番難癖を付けてきたのもミッドランドだった。そして、決定的とも思える瞬間がやってきた。サンマリノGPのスタート直後、井出はミッドランドのクリスチャン・アルバースと接触してクラッシュしたのだ。

レース後、井出は審査委員会から警告処分を受けるも、それ以上のお咎《とが》めはなく、次のヨーロッパGPでの雪辱に賭けてサーキットを後にした。ところがこの時、複数のチームからFIAに対して井出の処罰に関してクレームが出ていたのだ。もちろん井出はそのことを知るよしもなかった。クレームを出したチームの中心にはミッドランドがいた。この抗議を受けて、FIAはスーパーアグリF1チーム代表の鈴木亜久里に、井出に対して何らかの措置をとるようにアドバイスを行ったという。鈴木によると「そのアドバイスは、自主判断に任せると言いながら、実はＦＩＡの決定に従えというものだった」。そして、ＦＩＡの決定は暗に「井出はレース出場を控えるように」というニュアンスが感じられた。

鈴木がその決定を快く思うはずはなく、ＦＩＡのアドバイスを受け入れることは全面的に拒否したが、その後さらに厳しい裁定がＦＩＡから下された。その裁定とは、井出有治のスーパーライセンス停止というものだった。スーパーライセンスはこれがなければＦ１グランプリへの出走は不可能。井出は完全に窮地に追い込まれた。

具体的な経緯はこうだ。サンマリノＧＰの五日後の金曜日、ＦＩＡから一通のファックスがスーパーアグリＦ１チームに届いた。『井出のパフォーマンスについて』という趣旨だった。ファックスには、次のヨーロッパＧＰでは金曜日に井出と第三ドライバーのフランク・モンタニーを走らせて、速かった方をレースに出場させる方法を考えたらどうか、と書かれていた。突然ＦＩＡから届いたこのファックスの内容には鈴木も驚いた。まさかＦＩＡが独立したチームのドライバー選択にまで口を挟んでくるとは思わなかったからだ。ましてやそのファックスの署名は会長のマックス・モズレーだった。これは決してＦＩＡだけの意向ではないと鈴木は読んだ。そこでＦＩＡへの返信には、スーパーアグリＦ１チームのレースドライバーはあくまで井出有治でありモンタニーではない、と記した。鈴木はヨーロッパＧＰでも井出を走らせるつもりだった。

すると、翌週ＦＩＡから返事が来た。四月最終週の週末にＦ１パーマネント・ビューロー（常設委員会）が開かれ、そこで井出のライセンス問題が議論されたという内容だった。再びモズレー会長自身の署名の入った手紙で、委員会での決定は私としても覆せない、という一文も加えられていた。パーマネント・ビューローは、FIAに常設されている委員会のことだ。そこにはFIAの上部スタッフといくつかのチームの代表が名を連ねている。F1グランプリの諸事に関する討議や決定は通常、世界モータースポーツ評議会にかけられてなされるものだが、その評議会を招集する時間がない場合にはパーマネント・ビューローで手短に決定がなされる。サンマリノGPの翌週持たれたその会には、FIAから数名とウィリアムズのサー・フランク・ウィリアムズ、フェラーリからジャン・トッドが顔を出した。そしてそこで、井出のスーパーライセンスを剝奪する決定がなされたのだ。

このパーマネント・ビューローは滅多に招集されるものではないが、井出の件に関してはいくつかのチームから、そして何人かのドライバーから苦情が出たために議題にかけられたのだ。結局、鈴木が頼りにしていたバーニー・エクレストンも、そこで決まったことを覆すことは出来なかった。FIAは井出のスーパーライセンスを剝奪した旨をスーパーアグリF1チームとJAFに通告した。通告だから、一方的なものであり、受け取った側の意向は全く反映されることはない。こうして井出有治のF1グランプリ挑戦は、何も残さないままたった四戦で幕を下ろした。井出がその話をチームから聞いたのは、ヨーロッパGPに向けての道中だった。彼は予定していた飛行機には乗らなかった。

この決定を受け、鈴木亜久里は苦しい胸の内を語った。

「FIAはいわゆるF1の政府だからね。政府が決めたルールには従わなければ。もちろん交渉したよ。やりすぎて事態を悪くしたかも知れない。でも、突然こんな理不尽な決定を下されて黙ってはいられない。民主主義じゃないよこれじゃ。何とか解決策を見つけなければ。このまま井出を放っておくわけにはいかないからね」

実はこんな話があった。レースのスターティンググリッドに並ぶ時、エクレストンが握手に来るとそのドライバーはそのレースが最後になる、という噂だ。サンマリノGPのグリッドで、そのエクレストンが井出の所に来たのだ。もちろん井出はエクレストンの訪問に緊張して握手をした。握手をした後で誰かがその噂を井出に話した。井出は驚いて目を見開き、「じゃあ、これが僕の最後のレース？」と、冗談で返した。ところが、井出にとってサンマリノGPが最後のレースという冗談は、現実になってしまったのだ。

「亜久里さんには大変な苦労をかけて、申し訳なく思っています」

これが、井出のコメントだ。それ以上の言葉も以下の言葉も見つからない。チームマネージャーのダニエル・オーデットは、井出についてこう言う。

「イデはね、激戦が行われている戦場に武器も持たずたった一人でパラシュートで降りてきたんだ。戦闘訓練も積んでいない。この決定はあまりに可哀想だ」

では、FIAはこの事態をどう説明するのか。アシスタントレースディレクターのハービー・ブラッシュに事の真相を尋ねても、「詳細は語れない」の一点張りだった。「詳しいことは現時点では喋れない。だが、あるチームと何人かのドライバーからコンプレイン（苦情）が出ていたことは事実だ」と。これでは全くらちが明かない。そういえば、スーパーアグリにFIAから井出のスーパーライセンス剝奪の通知が来た時も、その理由は何も書かれていなかった。全く情報公開のない〝政府〟であり〝政治〟である。

井出を失ったスーパーアグリF1チームは、それでも迫り来る次のレースに二台のSA05を出走させなければならない。つまり、井出に代わるドライバーを指名しなければならないのだが、チームはテストドライバーで第三ドライバーのフランク・モンタニーを起用することをすぐに決めた。モンタニーはルノーF1チームでテストドライバーを務めたこともあり、グランプリカーを走らせることに関しては全く問題がなかった。スーパーアグリでもすでにテストドライバーとして走っており、SA05に慣れてもいた。ただひとつ、日本のメディアにはスーパーアグリF1チームは〝オール・ジャパン〟チームとして認識されていたところがある。ゆえに井出を降ろしてモンタニーを乗せる決定に対して、鈴木の意に反するのではないか、といった質問が当人に向けて飛んだ。

「オール・ジャパンとは僕は言っていない。だからドライバーの国籍にこだわることはしない。ただ、日本人の若手ドライバーを乗せることが出来れば良いね。そのためにウチでは何人もの若者を育てている。彼らの成長が楽しみだよ」

モンタニーは一戦ごとの契約でレースを走らせるはずだったが、テストの実績や速さを考慮して、彼の地元レースであるフランスGPまで走らせることをチームは決めた。

「モンタニーの後を受けて誰が走るかは未定、もしかすると日本人の可能性もある」と、鈴木は語っていた。

「でもねえ、この一件は哀しいね。僕が連れてきた井出に対してFIAや他のチーム、ドライバーが厳しい判定を下した。準備不足で来たという引け目はあったけれど、井出にはもう少し走ってほしかった」

鈴木の哀しみをさらに倍加させたのは、井出に代わってヨーロッパGPから走り始めたモンタニーが初めてのレースでいきなり速かったことだ。鈴木は自分のドライバーを見る目が曇ったのか、とさえ考えたようだ。

「退路を断ってF1に全力挑戦します」と、F1グランプリに挑戦を始めた井出有治は、鈴木よりさらに哀しかったはずである。「遅くて邪魔だから俺たちのレースで走るな」という排他的な差別は決してあってはならないものだが、F1グランプリが選ばれた才能を備えた者だけが耐えられる競争社会である限り、この論理は存在する。なぜなら、井出以外のドライバーには少なくともそうした差別を受けないだけの何かがあったということだ。クルマが遅いのは仕方がない事実だ。だが、それに言い訳を求めることは出来ない。なぜなら同じクルマに乗る佐藤琢磨に対しては、井出が受けたような苦言はない。また、モンタニーの速さも簡単に井出のそれを上回った。

井出は「退路を断った」日本へ帰るしか道はなかった。そして、日本ではまだ井出に温かい手を差し伸べる人たちがいた。二〇〇六年、彼は日本でいくつかのレースを走り、二〇〇七年にはフォーミュラ・ニッポンへの参戦を再開した。

SA05からSA06へ

スーパーアグリF1チームは、二〇〇五年の末から二〇〇六年の初頭にかけてSA05の開発に余念がなかった。新しいチームを立ち上げたのはいいが、肝心のクルマが完成しなければお話にならない。そのためにスタッフはクリスマスも正月も休みなく働いた。クリスマス返上で働く父親たちが愛する家族に会う時間が少ないため、チームはクリスマスに家族を工場へ呼んで父親の働く姿を子供たちに見せるサービスをしたほどだ。その結果、何とか二台のSA05を開幕戦バーレーンGPに持ち込むことが出来た。しかし、それで仕事が終わったわけではなかった。スタッフは休む暇なく作業を続けなくてはならなかった。それは、SA05の継続的な性能向上のための開発と同時に、大きな性能向上の望めないSA05に取って代わる次期車種SA06の開発に着手しなければならなかったからだ。鈴木はSA05がバーレーンGPを走ってすぐ、こんなことを言っている。

「SA05は素性が素性だけに多くを求めても無理。だったら、SA05の開発には最小限の労力を注ぎながら、次のクルマの開発に尽力した方がいい。正直言ってSA05にはお金もあまりかけられない」

実は、当初の計画ではＳＡ05は第三戦オーストラリアＧＰでお役御免になるはずだった。第四戦サンマリノＧＰにはチームがホンダの栃木研究所と協力して開発したＳＡ06がデビューする予定だったからだ。しかし、スタッフが夜も寝ないで働いたにもかかわらず、ＳＡ06の開発は予定通りには進まず、投入はかなり遅れることになった。そもそも限られた数のスタッフで現行マシンを進化させながら同時に新車の開発を進めること自体無理があるのかも知れない。だが、無理は承知で彼らは働いた。それでもＳＡ06の開発は、どうしても遅れ気味になっていったのだ。二〇〇六年四月末時点のスーパーアグリのスタッフ数は百二十一名。エンジン開発を受け持つホンダのスタッフを加えていないとはいえ、トップチームの四分の一の人数。これではトップチームと同じような仕事量をこなすことは無理だろう。だが、無理が通れば道理は引っ込むはず……なのだが。

ではここで、スーパーアグリＦ１チームの組織を紹介しよう。トップチームに比べてシンプルな組織だが、シンプルであるからこそ効率の良い仕事が出来るとも言える。

まず、チーム代表として鈴木亜久里。その直轄下にマネージングディレクターのダニエル・オーデット。彼はチームの経営部門、技術部門、ロジスティック部門を統括しながら、技術、ロジスティックという部署の細部にも目を光らせる。また、経営部門はチーフファイナンシャルオフィサーのウェイン・ハンフリーズ、技術部門はチーフテクニカルオフィサーのマーク・プレストン、ロジスティック部門はチーフオペレーティングディレクターのケビン・リーがそれぞれ責任者として就き、彼らの下で多くのスタッフが働く。

経営部門は総務、マーケティング、IT、人事と四部門で構成される。総務部門傘下には経理、マネージメント、プロダクションの各部門があり、マーケティング部門傘下には渉外、プレス対応、ホスピタリティ部門が存在する。次に技術部門だが、ここにはデザイン、レース＆テストチーム、研究開発の三部門。ロジスティック部門にはトランスポート、製造組み立ての二部門。これがスーパーアグリF1チームのすべてだ。スタッフの人数は経営部門が十七人、技術部門が七十人、ロジスティック部門が三十四人。

しかし、スタートから一年以上経って、スタッフの数こそ百三十人を超える程度だが、組織は強化されてきた。最も強化されたのは、当然ながら技術部門である。そして、このスタッフに加えてホンダから出向して来ている技術者がリーフィールドの工場には十人以上働いており、彼らのバックでは栃木研究所で五十人を超えるスーパーアグリF1チーム担当技術者が汗を流している。

結局、SA06のサンマリノGP投入は見送られ、次のヨーロッパGPでも姿を現さなかった。スペインGPでも、モナコGPでもSA06は走らなかった。しかし、その間SA05が老体に鞭打って奮闘した。スペインでは佐藤が十七位完走、モナコではモンタニーが十六位完走、第八戦イギリスGPでは佐藤とモンタニーが十七位、十八位で揃って完走した。カナダGPでも佐藤は十五位完走、フランスGPでは今度はモンタニーが十六位で完走した。

ＳＡ05は老体ではあったが、レースごとに進化していった。いや、進化には限界がある。改善と言った方が当を得ているだろう。手を加えられる箇所は主にボディワーク。現代のグランプリカーで最も重要な空力性能の向上を図るためだ。ＳＡ05の改良に関しては、プレストンがこう説明する。

「エアロダイナミクスのアップデートは、ほとんど毎レース行ってきた。実はＳＡ06用に開発してきた空力パーツを前倒ししてＳＡ05に採用した。空力パーツだけではなく、手に入るものは惜しみなくＳＡ05にも導入してきた。ブレーキディスクは最新型を使っているし、エレクトロニクスも燃料供給システムも最新型。これらはホンダとの密接な関係で可能になっている。ＳＡ05は古いクルマだけど、細かい点を見てもらえば最新技術が盛り込まれていることが分かると思う」

これが、ＳＡ06の登場する寸前のＳＡ05の状況だった。佐藤琢磨に尋ねると、ＳＡ06の登場を間近に控えて、まさかＳＡ05をここまで改良してくるとは思わなかったと言う。

「プレストンの仕事のやり方はバランスが取れていて素晴らしいですね。どれだけ新しいモノを入れたらクルマがどれだけ速くなるか分かっている。だから、必要だと思ったら躊躇なくそれを入れる。そうすると、彼が考えているとおりにクルマの性能は上がり、結果が出る。それでチーム全体が良い感じになって、自信があふれてくる。これは凄いことですよ」

飄々《ひようひよう》とした感じのプレストンだが、そもそも自分でF1チームを作ろうと考えていただけあって、非常にアグレッシブに物事を捉えて前進していく。その穏やかな性格に騙されてはいけない。また、楽観主義者でもある。それは、自分がやってきたことを冷静な目で判断し、その先には好結果が待っていると言い聞かせる力を持っているからだ。自分にだけでなく、誰に対しても論理的に突き詰めた説明をして、その結果が幻ではないことを確信させるのだ。論理的なドライビングが信条の佐藤が信頼する理由が分かる。

もちろん、冷静になる必要はある。自分たちの改良が功を奏して速くなったとばかりは言えない。チーフエンジニアのグラハム・テイラーは、SA05の走りはブリヂストンタイヤに助けられているところが大きいと指摘する。特にマレーシアGPで佐藤がミッドランドを追いかけ回したのは、ブリヂストンが持ち込んだ新しいコンパウンド（ゴム質）のタイヤが性能を発揮したからだ。

「リヤサスペンションのデザインは、ブリヂストンからデータをもらって、タイヤに優しく、それでいてタイヤの性能を十分発揮するようなものにした。そのデータがなければ我々はまともなサスペンションを作れなかっただろう。そのデータを生かして走ることが出来る琢磨の存在あってのことだけどね」

この点については佐藤も同意する。ブリヂストンタイヤを理解して初めてクルマが速くなったと言う。

「忘れてはいけないのが、協力してくれるパートナーとのコミュニケーションがうまく行ったことです。ブリヂストンと密接に打ち合わせをしてリヤサスペンションを作りました。SA05のサスペンション改良の時もそうだし、SA06のサスペンション開発の時もそうです」

　こうして二〇〇六年シーズン前半戦を終えたスーパーアグリF1チームは、僅かな期間だがそこで蓄積したノウハウを持って、後半戦に駒を進めた。だが、期待されたSA06は開発が遅れていた。開発遅れの一番大きな理由は、使用するBMT（英国海事技術研究所）の風洞のムービングベルトが切れたことだった。風洞実験は、二分の一のサイズのF1マシンを、実験の車速の二分の一の速さで動くゴムのベルトの上に置いて行われる。このベルトをムービングベルトと呼ぶが、それが破断したのでは、とても実験は続けられない。そうでなくとも他チームが使う時間の半分程度しか風洞実験に時間が割けられないスーパーアグリだが、そこにトラブルが発生すると二進《にっち》も三進《さっち》も行かなくなる。それが理由でSA06は完成が大きく遅れた。

「SA06の投入はフランスGPにずれ込むだろう」と、カナダGPで語っていた鈴木の言葉は、フランスGPでもう一度訂正されることになった。「ドイツGPで走らせます」と、報道陣に囲まれて鈴木は言い切った。しかし、記者たちが鈴木の前から去ると、こんな愚痴が口を突いて出た。

「いつ出そうがこっちの勝手なんだけどね。何でもかんでも発表しなきゃいけない。何も頼まれてやっているわけじゃないんだから、SA06がいつ出ようがとやかく言われる筋合いはないのにね」

そこには、本音で生きてきた鈴木亜久里がいた。精根尽きるまで働いて、いまやっと希望の明かりが手の届くところに灯り始めた。その明かりを消してはならない、と鈴木は切に願っている。日本で生まれヨーロッパで育ち始めたスーパーアグリF1チームは、日本からの過剰な期待に応える必要があるのか？　いったい自分は誰のためにF1チームを立ち上げたのか。そうした幾つもの問いが頭の中をグルグルと回っている。

「よし、勝負はドイツGPだ！」

鈴木亜久里は勢いよく椅子を蹴って立ち上がった。彼の瞼《まぶた》の裏には、ホッケンハイムリンクを走るSA06の勇姿が映っていた。

CHAPTER

5

SA06と日本グランプリ

待望のSA06登場

いまだから言えることがある。実は、スーパーアグリF1チームは二〇〇六年の活動を最後まで続けられるかどうか、危うい状況にあった。シーズン開幕からヨーロッパ戦に突入するまでの頃が、もっとも苦しい時期だった。鈴木亜久里はその間、精力的に国内の企業にスポンサー支援をお願いして回ったが、残念ながら支援を快諾してくれる企業は見つからず、チームの財政状況は逼迫《ひっぱく》するばかりだった。「日本企業は駄目だ」という鈴木の言葉が耳に残った。

これほど世界の道路を埋め尽くす自動車を製造する国で、これほど自動車が目の敵《かたき》にされている国は世界中探しても例を見ない。クルマを使うことで自由と便利を享受しながら、自動車メーカーのおかげで世界に例を見ないインフラストラクチュアを手に入れながら、あたかもそれらが無償で手に入ったように勘違いしている大衆。そうした大衆に媚《こ》びる企業の姿勢。そうした企業にモータースポーツに使うお金を出してください、と言う方がどうかしているのかも知れない。しかし、モータースポーツは若者に活力を与える。ニートや引きこもりが増える現代、彼らを太陽の下に引っ張り出す活力をモータースポーツは確かに持っている。よし、僕も私も頑張ろう、と感じさせるエネルギーを持っている。

鈴木亜久里は、そのモータースポーツを愛し、積極的に子供から大人にまで活動の場を与えている。Ｆ１グランプリ挑戦はその集大成だ。グラスルーツといわれる草の根活動から次第に上級カテゴリーに進み、最後に行き着くところがＦ１。鈴木は自らそれを体現することで、我々に活力を与えてくれようとしているのだ。しかし、その鈴木の活動に賛同する日本企業は残念ながら名乗りを上げなかった。

「何百という企業に企画書を出したんだけど、ナシの礫《つぶて》だね。もちろん僕も自ら出掛けていってお話をさせていただいた企業もあるけれど、良い返事はもらえなかった」

思うに、日本企業はスポーツを支援することでビジネスを展開するといった考えに気づいていないのではないか。特に自動車レースのような道具を使うスポーツに対しては最初から嫌悪感を露《あら》わにするところがある。それは、スポーツビジネスが何たるかを十分に理解していないからだろう。あるいは、日本企業には世界レベルでビジネスを展開しようとする考えがないのかも知れない。ヨーロッパのチームを見れば、世界の名だたる企業がスポンサーに名を連ねる。それは、何もＦ１のテレビ中継を当てにしてブランドの認知度を上げようとするばかりではない。Ｆ１グランプリという舞台において、異種企業との接点を見つけてビジネスを広げるチャンスを摑もうとしているのだ。そして、それはいくつもの成功事例として我々の前に提示されている。

「日本企業は駄目だ」と一方的に片付けるのもどうかと思うが、いずれにせよグローバルな視点でビジネスを展開しようとする日本企業の数が圧倒的に少ないことは事実だ。

それはつまり、日本企業を狙ってスポンサー活動をしても実りは少ないということを意味する。前述したように、電通との取り決めがなければ、スーパーアグリの〇六年のF1活動は、参戦前に頓挫していたかも知れない。

とにかく活動資金が集まらなくてはレースが出来ないばかりか、新車開発にも障害が出る。スーパーアグリとしてはそれだけは避けたかった。そして、最悪の事態は何とか切り抜けることが出来た。

「やっと一息つけたのは、六月頃だったかな」と、鈴木は言う。

活動資金の面ではやっと一息つけたスーパーアグリF1チームだったが、六月になっても新車SA06は出てこなかった。フランスGPからの投入に目標を絞って開発に余念がなかったSA06だが、最後の段階になって空力テストに使用しているBMT(英国海事技術研究所)の風洞実験装置のムービングベルトが破断したからだ。これの修理には七月末のドイツGPにかかる。修復後は急ピッチで開発を進めたが、結局SA06のデビューは七月末のドイツGPになってしまった。いや、チームの方針としてドイツGPに決めたのだ。マネージングディレクターのダニエル・オーデットが説明してくれた。

「本来フランスGPで走らせる予定だったが、BMTの風洞が壊れて修理に一週間かかった。無理をすれば一台はフランスに持ち込めたが、SA05とSA06を持ち込むとすると、二種類の違った交換パーツなどを用意しなければいけない。それは我々にとれば大変な負担だ。それならいっそ投入を一戦遅らせてドイツで二台揃って走らせようということになったんだ。亜久里と話し合って『プロらしい対応をしよう』ということになった」

ドイツGPでの投入が決まってからのチームの対応は早かった。フランスGP翌週の七月十九日・水曜日、早速シルバーストン・サーキットでSA06のシェイクダウンテストを行い、ドイツGPに向けて準備に入った。トランスポーターから降ろされたSA06は、SA05に比べて赤く塗られた面積が増えて力強い印象を持つクルマに変身していた。モノコックはSA05と同じくアロウズA23のものが使われるため、基本的なコンセプトは変わらない。しかし、SA05で大きな問題になったリヤのグリップ不足を解消するために大幅な改良がなされたリヤサスペンション、空力性能を上げるために絞り込んだリヤカウルなど、SA06はマシン後部に大手術が施されていた。ギヤボックスも新しくなった。

開発を任されたマーク・プレストンは、「SA06の開発の主眼は空力効率の向上と軽量低重心化に絞った」という。前部はSA05と比べてもほとんど変更はなかった。強いて言えばSA05のフロントサスペンションを取り付けるボディ下部の出っ張り（キール）がコンパクトなものになった程度。ノーズの形状やフロントサスペンションなどはSA05のままだった。しかし、後部へ目を移すと大きな変更が施されていることが分かった。それは外観から分かる箇所もあるし、そうでない部分もある。外観から想像がつかない部分で最も重要な変更点は、エンジンの搭載位置を下げることだった。

「SA05では古いギヤボックスを使用しており、このギヤボックスはドライブシャフトの取り出しが高い位置にあり、それに合わせるとエンジンをどうしても高く搭載しなければならなかった。それがSA06では最新型のコンパクトなホンダの純正ギヤボックスを採用したために、エンジンを低く積むことが出来たんだ」

SA05ではメイン・ドライブシャフトの位置が高く、仕方なくエンジン搭載位置も高くしなければならなかったのだ。

エンジン搭載位置を低く出来た結果、SA06はリヤ回りのボディカウル形状を絞り込むことが出来た。おかげで空力性能は向上、リヤウイングへも風は十分に当たるようになり、ダウンフォースが増えた。これがリヤサスペンションのレイアウト変更を可能にし、リヤタイヤのトラクション性能を向上させた。

リヤサスペンションはブリヂストンの協力があって、タイヤの性能を最大限に発揮できるように変更がなされた。「データをブリヂストンから提供してもらい、最適なタイヤ性能が得られるようにサスペンションの設計をした」と、プレストンは言う。サスペンションアームの材質も、一部を除きカーボン製になった。アップライトも新しく設計し直し、その結果バネ下重量はかなり低減した。

SA06はリヤがしっかりと安定したため、コーナーで出ていたオーバーステアというハンドルの切れ角以上に曲がる癖が消えた。佐藤琢磨は初めてSA06を走らせてすぐ、それに気づいたという。しかし、リヤの安定は反対に曲がりにくいアンダーステアにつながる。フロントサスペンションは旧型SA05のままだから安定性に欠けるところがあり、アンダーステア傾向は顕著になり気味だった。だが、それは佐藤に言わせると「セッティングで消すことが出来る範囲」だという。ちなみに、そのフロントサスペンションもトルコGPで登場するSA06Bモデルでは改良され、SA06では残されていたフロントのふたつのキールは、SA06Bでは取り除かれた。キールをなくすとサスペンションアームの取り回しが複雑になるが、プレストンは空力向上を狙ってキールなしのデザインを採用することにした、という。

SA06に採用されたホンダ製ギヤボックスは、ホンダの二〇〇六年型マシンRA106にも搭載されているいわゆるシームレス・ギヤボックス7速クイックシフトと呼ばれるもの。シフトアップ時のショックがなく、非常にスムーズにスピードを稼いでいく。車重は全体で約二十キログラムも低減できた。これは最低重量ギリギリで戦うF1では、非常に大きいメリットだ。バラスト（重り）を搭載して重量配分も調整できるようになった。それによってセッティングの自由度は大きくなっている。

テストに参加したのは佐藤琢磨と、フランスGPまで走ったフランク・モンタニーの後を受けてドイツGPからスーパーアグリF1チームのレースドライバーになった山本左近。山本は一九八二年七月九日生まれの二十四歳（当時）。裕福な医師の家庭に生まれ、小学校低学年からカートを始めて国内外のレースを経験、二〇〇五年に国内最高峰のフォーミュラ・ニッポン、スーパーGTのシートを獲得するまでになった。一九八九年に鈴鹿で日本GPを観てF1ドライバーになりたい、と思ったという。その夢がついに叶ったのだ。シルバーストンに現れた山本の顔は興奮と緊張で赤らんでいた。

テストに当てられたのはシルバーストンのインフィールドにある短いスクールコースと呼ばれる場所だ。昼近くなって佐藤がステアリングを握り、その日は合計四十周ほどを走ってテストを終えた。

「SA05と比べて明らかに運動性能が良くなっていました。テストに使ったコースが短かったので正確な評価をするのは難しいけれど、感触は非常に良かった。これまでのクルマと比べて明らかに戦闘力の高いクルマで次のドイツGPに臨めるというのは嬉しいもんです。早くこのSA06でレースを走りたいですね」と、佐藤。チームが行ったデータ・シミュレーションによると、おおよそのコースで一周約二秒（！）速くなるという。鈴木も、新しいSA06のパフォーマンスに大きな期待を持っており、「早く実戦で戦う姿を見たい」と、語った。

シルバーストンでのシェイクダウンテストは二日間行われ、二日目にはドイツGPからデビューする予定の山本もSA06を走らせた。山本はホンダ製シームレス・ギヤボックスに「こんなにスムーズなギヤボックスがあればどんどん行けますね」と、感激しきりだった。いよいよ数日後に、SA06のデビューレース、ドイツGPが待っていた。

七月末のドイツは猛暑だった。三〇度を遥かに上回る気温のホッケンハイムに、二台のSA06が持ち込まれた。ドイツGPはホンダがF1グランプリ出場三百戦目を数える記念すべきレースだった。その節目のレースでホンダ・エンジンを搭載したSA06が走り始めるのは、何か運命的なものを感じさせた。

しかし案の定、事はすんなりとは運ばなかった。まあ、運ぶ方が無理だ。SA06はホッケンハイムに来るまでにシルバーストンで僅かな距離を走っただけ。そこではまともにトラブルと遭遇することさえなかったのだ。ホッケンハイムでは金曜日の練習走行で佐藤のクルマにトラブルが出た。その日の走行は僅か二十二周。土曜日の午前中には、金曜日にこなせなかったプログラムを進め、午後の公式予選では不安を抱えながらのタイムアタック。しかし佐藤は何とかタイムを刻み、ミッドランドの二台の間に割って入った。十九番手のタイムだ。

山本は、金曜日の午後に油圧系トラブルに見舞われ、ほとんど走ることは出来なかった。

「今日はテストデイという感じでした。僕自身はあまり走ることが出来なかったのですが、琢磨さんのデータを共有して予選を迎えようと思います」

しかし山本は、土曜日の朝、スピンしてSA06を大破させた。山本はこのクラッシュでクルマの限界が分かったと言うが、結局予選までには修復ならず午後の予選はSA05を使うしか残された手段はなかった。タイムは二十一番手。しかし、決勝レースはSA

06で走ることを決めたため、スタートは最後尾だ。メカニックには徹夜の作業が待っていた。

決勝レースでは佐藤はミッドランドのティアゴ・モンテイロと激しい攻防戦を展開したが、三十九周目にギヤボックスからオイル漏れを起こして無念のリタイア。山本は電気系のトラブルでスタートに遅れ、走り始めたらすぐに「おかしいと感じて」ピットへ帰ってきた。調べるとドライブシャフトが折損、そのままリタイアを喫した。結果だけを見ると惨憺《さんたん》たる有様だが、佐藤はSA06のパフォーマンスには満足した様子だった。

「最後まで走りきれなくて残念でしたが、SA06の素性は分かりました。データも十分取れたと思います。SA05と比べるとリヤの安定性が段違いに良いですね。コーナーに入っていく時の挙動が安定しており、これまでよりかなり高いスピードでコーナーに入っていけるし、出口の立ち上がり加速も十分です。ただ、もう少しペースが上がると思っていたので、その点は残念です」

可能性を感じさせるコメントだった。出来たてのSA06はまだまだ完成にはほど遠い。しかし、佐藤も山本も、そしてもちろん鈴木もオーデットも、そのクルマに大きな可能性を見いだしていた。

ホンダのハンガリーGP優勝

SA06がデビューを飾ったドイツGPから一週間後に行われた第十三戦ハンガリーGPは、二〇〇六年F1シーズンの中で最も記憶に残るレースになった。といってもスーパーアグリF1チームにとってではなく、ホンダ・レーシングF1チームが優勝を飾ったレースだからだ。ホンダにとれば一九六七年イタリアGP以来、一九九九年にBATが設立した現ホンダ・レーシングF1チーム（設立時はBAR）にとっては初めての勝利だった。鈴木亜久里は常々次のように言っている。

「我々はホンダをライバルチームだと思ってはいない。ホンダをやっつけようとは思わない。ホンダには好成績を挙げてもらいたいんだ。彼らが一、二位を獲得してくれて、我々が三、四位というのがベストだね」

このコメントは、鈴木がホンダにとって少し遠慮しているかのように聞こえる。現実として、スーパーアグリがホンダを破るのは難しいことは分かっているが、SA06の登場で少しずつ両者のギャップが縮まって来ていることも確かである。ホンダ・レーシングF1チームの首脳であるニック・フライがスーパーアグリに協力的ではないという話はよく聞くが、ホンダはホンダで早く成績を出さねばならないことを考えるとそれは理解できる。それでも、彼らはスーパーアグリに出し抜かれるとは思っていないはずだった。

スーパーアグリのマネージングディレクター、ダニエル・オーデットも、ホンダとの微妙な関係にはこう言及する。

「我々はホンダ・レーシングF1チームからの援助を期待しているわけではない。我々は日本のホンダ、栃木の研究所から多くの支援を受けている。もし、我々がもっと高い戦闘力を備えていたら、ホンダも違った形で支援してくれたかも知れないが――。ホンダ・レーシングF1チームはホンダ本社から早く好成績を挙げろとプレッシャーをかけられているんだ」

鈴木もオーデットも、早くホンダ・レーシングF1チームに強くなってほしいと口を揃える。それは、彼らが強くなることでスーパーアグリも活動がしやすくなるからだ。ハンガリーGPではそのエールが届いたのか、ホンダ・レーシングF1チームが長いブランクを経て優勝を飾ったのだ。

二〇〇六年にはジェンソン・バトンが開幕戦バーレーンGPで四位、第二戦マレーシアGPでは三位に入り、快調なシーズンを予想させた。シーズンが進むと上位入賞はなくなるのだが、第十二戦ドイツGPから再び上り調子になってきた。その頂点が第十三戦ハンガリーGPでの優勝だった。優勝したバトンは予選四番手だったが、土曜日の午前中にエンジンを交換しており、そのペナルティーによりグリッドは十番下がって十四番手。抜きどころの少ないハンガロリンクで十四番手からスタートして勝てる可能性はほとんどなかった。ところが雨がバトンの背中を押し、レース戦略も功を奏し、たちまちフェルナンド・アロンソの後ろ、二位につけた。そしてアロンソにプレッシャーをかける。アロンソはその後ミスをおかしてリタイアを喫し、バトンはトップに立って悠々のゴールだった。二位のペドロ・デ・ラ・ロサに大差をつけての優勝。「雨のレースは好きだし、雨のテストでもクルマの調子は良かった」と、バトン。このレースにはホンダ本社から福井威夫社長も来場しており、パーフェクトな勝利と言えた。

ホンダのこの快挙を、スーパーアグリのメンバーは自分のことのように喜んだ。それもそうだろう。ホンダとスーパーアグリは一心同体と感じている者がチーム内には少なくないからだ。ホンダの調子の善し悪しは自然と自分たちの流れにも影響を及ぼす。ゆえにハンガリーGPでのホンダの勝利は、スーパーアグリのやる気を猛烈にかき立てた。

「あのクルマに僕が乗っていたら良かったのにと思いますが」と、語り始めた佐藤。

「冗談はともかく、ジェンソンはあの難しいコンディションの中を切り抜けて素晴らしいレースをしたと思う。ホンダのスタッフもこのクルマをここまで仕上げるには大変な苦労をしたはず。心からおめでとうと言いたい。ジェンソンは一周遅れの僕のすぐ前でチェッカーを受けたんですが、ウイニングラップでは彼と並んで走りながら、健闘を讃えました」

だが、スーパーアグリのレースは決してうまく行ったとは言えなかった。スタート直後にリタイアした山本。佐藤はクラッチ、ギヤボックスのトラブルに満身創痍の十三位完走がやっとだった。苦しい戦いが続いた。

第十四戦トルコGPは、スーパーアグリF1チームにとればひとつの区切りになるレースのはずだった。それというのも、このレースからSA06はフロントサスペンションも新しくなり、やっとＳＡ06が完成することになるからだ。マーク・プレストンに言わせるとそれはＳＡ06Ｂモデルで、フロントノーズ下部の空力性能の向上を目指して変更を行ったものだ。しかし、その新しいサスペンションを備えたＳＡ06ＢはトルコＧＰに登場する前に予定されていたテストをこなせないままサーキットに運び込まれたのだ。テストが出来なかった理由は、以前、風洞のムービングベルトが破損したせいでＳＡ06の完成が遅れたのと同じような、不可抗力のトラブルによるものだった。今回のトラブルとは、なんとカーボン部品の製作を依頼している会社に雷が落ちたというものだった。笑い話にもならない理由に、関係者は力なく笑うしかなす術がなかった。よくよくついていないチームである。これならサスペンションアームをカーボンにしなきゃ良かった……。

というわけで、またしても事前テストなしのぶっつけ本番でレースの週末を迎えることになったのだ。対処法は？　金曜日に、テストドライバーのフランク・モンタニーにシェイクダウンをまかせ、状況を見た上で新しいフロントサスペンションをレースカーに採用するかどうか決めるというものだった。現実にはどうなったか？

「金曜日にモンタニーの走りを見て、問題がなさそうだったので僕も新しいサスペンションを使いました」と、佐藤。ところが実際に走り始めるとクルマの底部に問題が発生し、まともに走ることさえ出来なかった。佐藤は二十一番手グリッド。山本の後ろだった。決勝レースはクルマと格闘して完走するも、規定周回数不足に泣いた。山本はそれどころではなかった。スピンして自滅したのだ。デビューしたドイツGPは一周で、ハンガリーGPもゼロ周で終えており、トルコGPの二十三周が最も多い周回数だというのだから、何をかいわんやである。

この負のスパイラルから抜け出すには何をすればいいか。それはテストで走り込んで、詳細にクルマの悪いところを洗い出すことだ。イタリアGPの前にモンザ・サーキットで行われた合同テストに参加したスーパーアグリは、久しぶりにテストに時間をかけることが出来た。テストの主眼はタイヤを理解することと、変更になったばかりのフロントサスペンションの煮つめ。そして超高速のモンザ・サーキットで導入する空力パーツの評価だった。開発を担当したマーク・プレストンは、モンザのテストはまずまずだったと言う。

「SA06Bになって初めて本格的なテストをして、色々と分かったところがある。フロント回りだけ変わったように見えるけど、リヤのサスペンションの一部も新しくしたし、アップライトなども変わっている。ブレーキの冷却についてもかなり改善できたと思う。フロントサスペンションも新しいけど、パワーステアリングが間に合わなかった」

ホンダのスーパーアグリ担当エンジニア小池明彦も、プレストン同様にモンザのテストを評価した。

「トルコはまともにテストをしないで新車を投入したからうまく行かなかった。セットアップの時間不足。でも、今回のモンザのテストは空力バランス、冷却系、重量配分など随分多くの評価ができた。でも、とにかくもっとテストで走りたかった。せめて五百キロメートルは走らなきゃね。まだ色々見直したいところもあるし」

このテストに参加したことはスーパーアグリにとって大きな収穫になった。テストの翌週に行われたイタリアGPでは、佐藤は二周遅れの十六位完走、山本はリタイアと成績こそ見るところはなかったものの、SA06Bのパフォーマンスが向上したことは摑めたと佐藤は言う。

「残念ながらヨーロッパの後半戦では良いところは見せられませんでしたが、これから始まる最後の三戦は何としてでも満足できるレースをしたい。ことに日本GPは特別ですから、そこに焦点を絞って残りシーズンを組み立てていきたいですね。とにかく日本GPでは僕も、チームも、ファンのみなさんも満足できる走りをお見せします」

イタリアGP終了後、モータースポーツ界がため息をつく発表があった。ミハエル・シューマッハーの引退だ。以前から噂はあったものの、誰もがその噂こそ噂であってほしいと願っていた。だが噂は現実になり、シューマッハーは神妙に引退を語り、ひとつの時代が終わりを迎えたことを我々は受け入れなくてはならなかった。あと三レースで偉大なるチャンピオン、ミハエル・シューマッハーはF1グランプリを去る。

イタリアGPのあと、スーパーアグリF1チームはシルバーストンでのテストに臨み、そこから中国、日本のアジア二連戦に向かう。佐藤も山本も自国ファンの前で走ることに興奮を覚えると言う。チーム代表の鈴木亜久里にとっても、日本GPは特別だ。

「僕の中では日本GPは十八戦の中の一戦ではなくて、九九％ですね。残り一％が他の十七戦という感じ。鈴鹿サーキットでのレースがチームにとってどれほど大切か、全員がよく分かっている。これまで本当にチームのスタッフはよくやってくれた。SA06Bが出て、流れが上向きになれば鈴鹿でも良いレースをお見せすることが出来ると思っている」

鈴鹿サーキットは鈴木亜久里はもとより、佐藤琢磨、山本左近の二人のドライバーにとっても、レースキャリアをスタートさせた場所として大切な場所だ。三人三様の思いがめぐる。

日本GPへ

佐藤琢磨は十歳の時に初めて鈴鹿サーキットで日本GPを観た。一九八七年。大勢の観客に混じってコースを走るウィリアムズ・ホンダやロータス・ホンダ、フェラーリやマクラーレンを凝視した。まさかその時、将来自分がF1ドライバーになって鈴鹿サーキットを走るとは、考えてもいなかっただろう。しかし、佐藤は二十年近く前のことをよく覚えていた。

「子供の頃に初めて見たF1の強烈な記憶は今でも鮮明に覚えています。あの経験がなかったら、僕は果たしてF1ドライバーになっていたかどうか」

鈴鹿サーキットの思い出はそれだけではない。大学に進んで十九歳になった時、レーシングドライバーになる夢をどうしても捨てきれず、鈴鹿サーキットで開催されていた鈴鹿レーシング・スクール（SRS）へ入った。そしてF3へのステップアップを果たし、挙げ句の果てはイギリスへ飛び出した。この決断が佐藤をF1へと導いた。彼はなるべくしてF1ドライバーになったのだが、そのための努力をした。その初期の舞台が鈴鹿サーキットだった。

鈴鹿サーキットはご存じのように本田技研工業の創始者・本田宗一郎が造り上げた。一九六二年。当時、我が国の自動車産業はまだ緒についたばかりで、当のホンダは二輪車では世界を制していたが、四輪車はまだ生産さえ始めていなかった。そんな時代に本田宗一郎は鈴鹿サーキットを造った。

「スピードを出して走ることが出来る場所がないと、我が国のバイクも自動車も世界に通用するものは出来ない」

これが、鈴鹿サーキット誕生の理由のひとつだった。マン島TTレースや世界GPに二輪車を送り出し、世界には日本が束になってかかっても通用しない素晴らしい技術や才能があることを知っていた本田だからこそ考えついた壮大なプロジェクトだった。本田の未来を読む才能の確かさには、頭が下がるばかりだ。そして、もし鈴鹿サーキットがなかったら我が国の自動車産業が現在のように発展することもなかったと断言できる。本田が造ったサーキットのおかげで、トヨタも日産も、そしてもちろんホンダも、世界に冠たる自動車メーカーとしての栄誉を手にすることが出来たのだ。

その鈴鹿サーキットで初めてF1日本GPが開催されたのは一九八七年。最初の日本GPが富士スピードウェイで行われてから十年の歳月が流れていた。鈴鹿にF1グランプリを呼んだのはホンダ、そして鈴鹿サーキット。中でも鈴鹿サーキットランドの千々岩雄平社長、鈴木啓道副支配人（共に当時）の努力なくして開催はあり得なかった。

一九八七年に佐藤琢磨が十五万人の大観衆の中から見ていた日本GPの主役の一人に、ロータス・ホンダに乗った中嶋悟がいた。中嶋は日本のレース界を席巻し、ヨーロッパでいくつかのF3レース、F2レースに出場してF1への道を開いた。中嶋が登場するまでの日本のドライバーは自動車メーカーお抱えで、実力はあってもなかなか自由に個人的な活動を許されなかった。一九八〇年代に入ってその風潮は和らいだが、それまで自動車メーカーに囲われていたドライバーで日本を飛び出して世界で活動しようという者は少なかった。中嶋はそうした自動車メーカー系ドライバーとは一線を画した新しい時代の人間だった。トヨタでもホンダでも、自分の才能を認めてくれるところとは分け隔てなくつきあい、彼らに満足のいく結果をもたらしていた。

その中嶋は、一九七〇年代に単身ヨーロッパでレース活動を行い、自らも世界の頂点へあと一歩というところまで上り詰めたことのある生沢徹が興したチームで、ヨーロッパのレースに挑戦を始めた。まずF2レースを走り、最高二位の成績を挙げて実力が本物であったことをヨーロッパ勢に見せつけた。そこまで到達すると、あとはF1グランプリへの挑戦が残っているだけだった。

一九八七年、アイルトン・セナがロータスに乗る機会にホンダ・エンジンを希望、ホンダは中嶋をチーム・ロータスの第二ドライバーに起用することを条件にエンジンを供給した。それまで、F1グランプリはホンダ・エンジンを搭載したウィリアムズが圧倒的な強さを誇っていたが、八七年にロータスを加えた布陣でさらに厚みを増し、中嶋はその年のイギリスGPで四位に入る活躍を見せた。その四位が、日本人ドライバーとしては最高位で、一九九〇年の日本GPまで破られることはなかった。九〇年の日本GPで中嶋の記録を抜き、三位表彰台を獲得したのが誰あろうスーパーアグリF1チームの代表・鈴木亜久里だった。

鈴木亜久里はチーム・ラルースのローラ・ランボルギーニでシーズンを戦い、三度の入賞を記録した。その中の金字塔が一九九〇年の日本GPの三位表彰台。トップグループが次々と消えていく中、鈴木は堅実に上位に上がり、ウィリアムズ・ルノーのリカルド・パトレーゼを退けて三位に入った。この日本GP、この鈴鹿サーキットを鈴木亜久里が忘れるわけがない。

「僕のF1のすべてが鈴鹿だよ」と、鈴木は言う。「初めてF1を走ったのも鈴鹿だし、表彰台に上がったのも鈴鹿、それに最後のレースも鈴鹿。僕のF1は鈴鹿に始まり鈴鹿に終わったんだ。その鈴鹿で自分のF1チームを走らせることが出来るというのは、僕にとって最高の気持ち。でも、その鈴鹿最後のF1が今年だというのはなんだか辛い。

自分のチームがギリギリ間に合った」

一九八七年に始まった鈴鹿サーキットにおける日本GPは、二〇〇六年限りで幕を下ろすことになったのだ。二〇〇七年からは富士スピードウェイで開催されることが決まった（二〇〇九年から鈴鹿と富士の隔年開催に）。

鈴木にとれば鈴鹿サーキットは特別。シーズン終盤になってSA06Bを投入したのも鈴鹿があったからだという。普通なら僅か三レースを残しただけのシーズン終盤に新車投入するチームなど他にはない。鈴木も、「シーズン終盤に鈴鹿がなければ新車は作らなかった。それぐらい鈴鹿は思い入れがある」と話す。

山本左近も佐藤琢磨と同様に鈴鹿で育った。

「初めてF1を見たのが鈴鹿、初めてカートに乗ったのが鈴鹿、初めてフォーミュラカーを走らせたのが鈴鹿、初めてF1に乗ったのも鈴鹿」と、山本も鈴鹿の落とし子だ。

「僕にとって非常に思い入れの強いサーキットです。このサーキットに僕は育ててもらいました。今年の日本GPのグリッドにSA06Bに乗って並ぶと考えるとわくわくします」

鈴鹿サーキットは日本のモータースポーツの聖地と言ってもいいだろう。国内外で活躍する日本人ドライバーのほとんどが鈴鹿サーキットでレースを観て、初めてレーシングカーのステアリングを握り、育てられた。鈴木亜久里、佐藤琢磨、山本左近。スーパーアグリF1チームの中心的人物三人が鈴鹿サーキットを舞台に成長したのは、偶然でもなければ不思議なことでもない。そして、彼らがスーパーアグリのメンバーとして初めて戦う鈴鹿サーキットでの日本GPに、他のサーキットとは違った感情を抱いて取り組もうとしている姿を見せるのは、ある意味当然のことなのだ。鈴鹿サーキットで行われる日本GPこそ、彼らのモータースポーツの原点なのかも知れない。

その日本GPが一週間後に迫った二〇〇六年十月一日、F1サーカスは中国大陸・上海に上陸した。シーズン最後のアジア二連戦を戦い、それが終われば最終戦ブラジルGPが待っている。

中国GPに向かう前、チームはシルバーストンでテストを行い最後の煮つめを行った。チーフテクニカルオフィサーのプレストンは、「最後の三戦は最終スペックで臨む」と言う。最終スペックとは言い得て妙だが、ここに来てもさらなる進化を施したクルマを持ち込むという意味だ。シルバーストンのテストではフロントウイングなどの空力部品が新しくなった。もちろん空力特性向上が目的だが、かなりの効果が期待できそうだった。

もうひとつシルバーストンのテストで重要なことがあった。それはブリヂストンのタイヤに対してクルマを合わせること。言い換えれば、SA06Bで変更なったフロントサスペンションを、ブリヂストンタイヤが持てる性能の一〇〇%を発揮できるようにセットアップすること。これは最も重要な点だ。それが出来なければテクニカルコースの鈴鹿サーキットを効率良く攻めることは難しい。佐藤は、「まずまずの感触は得られた」と言う。その言葉に自信づけられて、チームは中国・上海に向かった。

中国ＧＰは雨のレースだった。シルバーストンで作り込んできた新しい空力パッケージが性能を発揮するまでには至らなかったが、佐藤琢磨は十四位、山本左近は十七位で久々の二台揃っての完走になった。と思いきや、佐藤は青旗無視で失格の裁定を下されレースから除外された。山本が十六位に繰り上がった。

「そんなに青旗は振られていなかったので、無視という判定は心外ですね」と、佐藤。

しかし裁定は覆らず、佐藤の努力は水泡に帰した。

日本ＧＰで同じ結果に甘んじるわけには行かなかった。十六万人を超える過去最多の観客が鈴鹿サーキットに集まった。彼らの目的は多分ホンダでもトヨタでもなく、スーパーアグリと佐藤、山本のレースを応援することにあったに違いない。

だが、スーパーアグリの二人の予選は、いかに鈴鹿サーキットといえど奇跡が起こるはずもなく、これまでのレースと同様にグリッド後部に沈んだ。ただ、これはＳＡ06Ｂの現実的な性能の限界である。日本ＧＰのために作り上げてきたＳＡ06Ｂ。最後の大改良を施してきたが、トップグループはあまりに遠いところにいた。山本はＱ１（第一予選）のヘヤピンでブレーキミスをしてコースアウト。タイムなしでグリッド最後尾。佐藤はミッドランドのティアゴ・モンテイロを凌《しの》いで二十番手グリッドだった。タイムは一分三十三秒六六六。Ｑ１でベストタイムを出したのはフェラーリのフェリペ・マッサで一分三十秒一一二。佐藤との差は三秒五もあった。しかし、Q2（第二予選）でフェラーリのミハエル・シューマッハーが叩き出したタイムを見て、誰もが驚きのあまり卒倒しそうになった。そのタイムは一分二十八秒九五四。鈴鹿サーキットで一分二十八秒台というタイムはただ驚異的という言葉以外にうまい表現を見つけられない。スーパーアグリの佐藤との差約五秒。鈴木亜久里はかつて一緒にレースを走り、鈴木が引退して十年以上も走り続けるチャンピオンの力に圧倒された。そのチャンピオンのF1グランプリもあと二レースが残されただけとなった。

レースでは少しだけだが予選の無念を晴らすこともできた。佐藤は倒すべきライバルのミッドランドの二台を完全に抑えきり、十五位を獲得。山本は最後尾から追い上げて十七位で完走した。もちろん、もっと上位で完走を果たせるに越したことはないが、SA06Bではこの順位が精一杯だった。佐藤はゴールした時優勝のアロンソから一周遅れだったが、ピットウォールから体を乗り出してまるで勝者を迎えるように喜んでくれるチームのスタッフに感謝の意を伝えるため、SA06Bをピットウォールに寄せて走り抜けた。

「完全燃焼です。今日は良い仕事が出来た。チームのスタッフも全員が素晴らしい仕事をしてくれました。完璧です。十五位ですが、納得のいく十五位です」と、佐藤は振り返った。

完全燃焼という佐藤の言葉は、二十年の歴史を刻んだ鈴鹿サーキットでの日本GPの終焉には最高の贈り物だった。チーム代表の鈴木のように三位表彰台に上がることは出来なかったが、佐藤にとって二〇〇六年の日本GPは特別なものだった。もちろん山本も同様だ。

「みんなよく頑張ってくれた。SA06Bを持ち込んだ甲斐があった。ありがとう」と、鈴木は感激してスタッフ全員に頭を下げて礼を言った。こんなことが出来るチーム代表を戴いているところが、スーパーアグリF1チームの凄いところだ。

日本GPでの踏ん張りは、最終戦ブラジルGPまで続いた。鈴鹿で燃え尽きたと思っていたスタッフも、自分たちにまだ力が残っていたことに感激したようだった。二人のドライバーも同様だった。

「日本GPは一番大切ですが、ブラジルでもいつも通り戦いますよ。最高の形でシーズンを終えたいし」と言っていた佐藤。その言葉通りのレース展開を見せ、スタートからジワジワと上位に進出、宿敵ミッドランドとトロロッソを抑える走りを見せた。序盤にウィリアムズ、トヨタが消えたことも助けになったが、一年間を通してライバル関係にあったミッドランド、トロロッソとまともに渡り合い、とうとうそれらを打ち破った。

これは佐藤の真骨頂だった。そしてレースを終えた時には何とトップからたった一周遅れ（！）の十位を手にしていたのだ。山本も完走して十六位。その山本、レース中の最速ラップは佐藤を上回る七番手。さらにコースの中間区間であるセクター2の最高タイムはミハエル・シューマッハーに次ぐ二番手の速さだった。

「最後の三戦は最高だった。三レースとも二台揃って完走。それに琢磨は最後に十位。夢のようだ。これで来年も続けられる」と、鈴木。チーム全体の成長が最終戦の好成績につながったと誰もが自覚している。開幕戦のピットストップでハラハラさせたスタッフの動きも、一シーズン終えたいまはトップチームと遜色ない程度には動けるようになった。

「今年は一戦一戦がチームにとって勉強の年だった。本当の戦いは来年からだ。その本当の戦いが出来るように、いま全力で態勢を整えている。来年は今年とは違ったレースをファンの皆様にもお見せできると思う」

鈴木亜久里はシーズンを締めくくる言葉としてこう結んだ。「来年は」という言葉に力がこもっていた。秘策があるのだろうか。二〇〇六年を一年間戦ってきた四年落ちのアロウズをベースにしたクルマでは、どんなにあがいても最後尾を争う他に為す術がない。二〇〇七年はそこから脱却しなければならない。佐藤琢磨は意味深なコメントを残した。

「来年の戦いのために、チームの首脳陣は色々と動いてくれています。もう四年落ちのクルマで走ることはないと思います」

こうして、新生スーパーアグリF1チームのF1グランプリ挑戦初年度は幕を下ろした。しかし、彼らの戦いは始まったばかり。挑戦二年目の二〇〇七年、スーパーアグリF1チームのピットからは、果たしてヘビが出るか蛇が出るか？

CHAPTER 6

壁を越える

問われる成果

二〇〇六年十月二十二日、サンパウロで開催されたF1最終戦ブラジルGPで、スーパーアグリF1チームの佐藤琢磨は天晴れの十位完走を果たした。チームメイトの山本左近も十六位で完走、同チームはシーズンを有終の美で終えた。三月十二日にバーレーンGPで開幕したシーズンは、七ヶ月余に及ぶ長い時間を経て、やっと幕を下ろした。長いシーズンという言葉を一番嚙みしめたのは、誰あろうチーム代表の鈴木亜久里だった。メディアの前では、「短いシーズンであっという間に過ぎてしまった」と言ったが、実際には長く苦しいシーズンを終えて安堵していた。

「色んなことが次から次へと襲いかかってきて、あっという間に時間が過ぎた感じだ。一年が早かったというのはそういう意味だが、その反面チームを運営するという点では長かった。どうすれば活動資金を増やすことが出来、それをいかに有効に使うかを考えることで精一杯だった。同時に来年のことも考えなくてはならず、長いトンネルの中をいつまでも走り続けているようだった」

鈴木の嘘偽りない言葉である。

グランプリチームの経営が、他の一般的なビジネスと同じようにタフであることは、その中に身を置かなければ分からない。一般的なビジネスより一層難しいと感じるのは、そこに製造業のように販売する製品が無いことだ。Ｆ１グランプリで売れるものはチームやＦ１マシンの広告媒体としての価値と、ビジネスマーケットとしてのフィールドの広がりだけだ。広告媒体としての価値はもう随分前から言われていることだが、Ｆ１グランプリ自体がマーケットスペースとしての役割を果たすようになったのは最近のこと。鈴木も後者の価値を認めるスポンサーの開発に尽力したが、日本国内では限界があったようだ。なぜなら、日本のビジネス慣習にはロビーイングという言葉がないように、開かれた場所でビジネスパートナー同士が可能性を広げることは少ない。Ｆ１で行われているビジネスはまさしくそれであって、Ｆ１を使ってそのビジネス様式を日本に持ち込もうとしたスーパーアグリＦ１チームだが、残念ながらその様式を日本企業に理解してもらうことは出来なかった。結果として大手スポンサーのないままに二〇〇六年シーズンが幕を下ろし、二年目の二〇〇七年に向けて活動を開始しても、新しいスポンサーやビジネスパートナーが名乗り出てくる気配はなかった。

「この調子だと二〇〇七年も資金的には厳しいねえ。日本企業にはもっとスポーツビジネスを理解してほしい。Ｆ１にはチャンスがいっぱい転がっているのに」

鈴木は二〇〇六年の末に、その年に直面した現実を見据えて、二〇〇七年に予想される困難をこう表現している。ビジネスがどのように展開するか読めない。つまりスーパーアグリＦ１チームのスポンサーやパートナーとして企業が名乗りを上げるかどうか全く読めなかったのだ。もちろん、二〇〇六年シーズンを通してスポンサー開拓活動は行ったが、前述したように活動が実を結んだとは言えなかった。二〇〇六年のスポンサーも二〇〇七年のスポンサーも、簡単には手に入れることは出来なかった。それでも二〇〇七年シーズン開幕は待ってくれない。

鈴木亜久里がチーム運営に尽力している間にも、イギリス・リーフィールドの工場では二〇〇七年用のクルマの開発が進んでいた。そのクルマの名前はＳＡ07。開発プロジェクトが始まったのは二〇〇六年八月のことだ。ところがこのクルマ作りにおいても、スーパーアグリは大きな関門を突破しなければならなかった。それは、誕生したばかりで追いかけられるようにレース活動をするだけで精一杯だったチームに、二年目に戦うクルマをゼロから開発する時間と資金が不足していたということだ。そこで鈴木はホンダの協力を得てクルマの開発に着手した。それは、ホンダ・レーシングＦ１チームの開発するクルマを提供してもらい、スーパーアグリ独自の改良を付け加えるというものだった。

具体的に言うと、スーパーアグリはホンダの二〇〇七年用マシンＲＡ１０７のモノコックの提供を受けて独自に改良を施し、ＳＡ07として完成させることを望んだのだ。ただし、この方法には関門がひとつあった。カスタマーカー問題だ。それは二〇〇七年末まで有効な当時のコンコルド協定に、『知的財産権が他のＦ１チームに属するクルマでレースに出走することは禁じる』と記されていることだった。ホンダＲＡ１０７の知的財産権はホンダ・レーシングF1チームに属していると考えられたため、それをいかにクリアするかということが求められた。

しかし、この問題に対してスーパーアグリF1チームは苦肉の策を取ることになった。RA107の知的財産権を二〇〇六年からスーパーアグリのシャシー製作を助けていたポール・ホワイトが代表の会社PJUUに移してもらい、そこからSA07を製作する権利を獲得したのだ。PJUUはコンストラクターではなく、そこから知的財産権を買ったとしても、他チームから買ったことにはならないからだ。これで様々な点でスーパーアグリが問題をクリアできるシステムが確立したと言えた。

ところが、RA107の使用に関してはホンダ・レーシングF1チームが反対を唱えた。いくらスーパーアグリF1チームがホンダからの支援を受けて活動するチームとはいえ、またコンコルド協定に抵触しない方法を見つけたとはいえ、ホンダ・レーシングF1チームは開発したばかりのクルマをスーパーアグリに提供することには抵抗があった。その根底には、ホンダ・レーシングF1チームとスーパーアグリF1チームはレースの現場ではライバルであるという現実があった。まさかライバルに塩を送ることはしたくないとホンダ・レーシングF1チームが考えても、それは当然だろう。このことに関しては、スーパーアグリのマネージングディレクターであるダニエル・オーデットも理解を示す。

「彼らとうちはライバルだからね。ホンダ・チームの中に反対する者がいても不思議じゃない」

こうした理由から、二〇〇七年のスーパーアグリは残念ながらホンダRA107をベースに新車開発をすることは不可能になった。そこでホンダ・レーシングF1チームが譲歩して、一年前のRA106を採用することを決めたのだ。コンコルド協定のカスタマーカー使用規制は過去二年間に遡って禁止されているため、RA106もホンダから譲り受けることは出来ない。ただし、PJUの設立によって知的財産権の問題はクリア出来ることは分かっており、RA106をベース車両として使用することに関しては、問題は起こらなかった。ここからSA07の開発が進むのだが、スーパーアグリはホンダの栃木研究所と密接にリンクしながらRA106の改良にかかった。微に入り細を穿《うが》つモディファイがなされたことは言うまでもない。

最も大がかりで重要なモディファイは、二〇〇七年に向け改めて強化されたFIAのクラッシュテストの内容をクリアするために行われたモノコックへのものだ。前後からの衝撃に加え、サイドからの衝撃テストの基準も厳しくなり、そのために強化されたモノコックは重量まで増加した。リヤバンパーの衝撃吸収構造も大幅な安全強化が義務付けられた。

モディファイはモノコックばかりか、現代のF1では最も重要と言われる空力面にも及び、ホンダが二〇〇六年にRA106に施した以上の改良が見られた。リヤウイングも強度アップがなされた。最も大きなアドバンテージを得られたと考えられる改良はギヤボックスだった。ＳＡ06では使用できなかったホンダと同じカーボンファイバーのケースも、シーズン途中のスペインＧＰから使用できることになった。こうしてスーパーアグリＳＡ07は、二〇〇七年三月にやっと完成を見た。

この新車が完成するまでの間、スーパーアグリは一年前と同じようにテストをすることも出来ずに手を拱《こまね》いていたかと言えば、そうではなかった。二年目のシーズンを目前にした彼らは、新車開発と並行して猛烈なテストスケジュールをこなした。それは、前年に増してホンダからのサポートが強化されたからだ。ホンダはスーパーアグリのテストに対して、二〇〇七年に使用するパワートレインなどのシステムを盛り込んだホンダＲＡ１０６シャシーを提供、それを走らせることによって新しいシーズンに向けて万全の準備を促したのだ。

二〇〇六年型シャシーに〇七年用のシステムを盛り込むことで、そのテストカーは〝ハイブリッドカー〟と呼ばれたが、ＳＡ05あるいはＳＡ06と比べると段違いのパフォーマンスを発揮して、テストを担当した佐藤を驚かせた。

「ブレーキも、コーナーへの突っ込みも、ハンドリングも僕が二〇〇六年に乗ったクルマと比べて段違いでした。凄く安定している。そういえば二年前に乗ったクルマはこんな感じだったかな、と思い出したりしました」

スーパーアグリがホンダＲＡ１０６ハイブリッドカーでテストを繰り返すのを、快く思わなかったチームもあった。オランダ企業による買収でチーム名をスパイカーに改めたミッドランド・チームがその筆頭で、彼らは二〇〇七年シーズンにスーパーアグリがホンダのカスタマーカーでレースを戦うことに、正面切って反対の意を表したのだ。それもそのはず、スーパーアグリが戦闘力の高いクルマで戦うとなると、自分たちのチームの最下位転落は明白で、それはこれから先F1グランプリを戦う上で、F1運営組織のFOMから提供されるテレビ放映料や輸送費などの面で大きな痛手を被ることになるからだった。しかし、スーパーアグリは、二〇〇七年を戦うSA07はコンコルド協定の約束を満たしていることを宣言しており、またテストにはカスタマーカーの制限がないことを理由に、スパイカーの苦言には耳を貸さなかった。

二〇〇六年十一月、スーパーアグリは二〇〇七年シーズンのドライバーを発表した。佐藤琢磨は当初から二年契約でシートは確保していたが、ナンバー2ドライバーとして二〇〇六年シーズンを走った山本左近はシートを失った。十二月の終盤になって山本のテストドライバー契約が発表されたが、彼はその傍らBCNというスペインのチームから、F1を目指すドライバーが多数参加するGP2に参戦することを決め、近い将来再びスーパーアグリのシートを獲得するための準備に入った。この山本の決意は高く評価された。ドライバーは実戦で鍛えられることが最も効率の良い勉強で、山本にはそれが必要だったからだ。

その山本に代わって佐藤のチームメイトに選ばれたのは、二〇〇六年にホンダ・レーシングF1チームでテストドライバーを務めていたアンソニー・デビッドソンだった。デビッドソンはかつてイギリスF3選手権を佐藤と同じチームで戦った朋友だった。二〇〇一年に佐藤がカーリン・モータースポーツでF3選手権を制した時、彼は同チームから出走してシリーズ二位でシーズンを終えていた。その年からBARホンダのテストドライバーとしても活動しており、F1ドライブの実績は十分だった。スーパーアグリは早く第二ドライバーを決めて、テストを効率的に進めたかったということもあった。そこにホンダからデビッドソンを推す声があり、彼の採用に踏み切ったのだ。

しかし、こんな噂も流れた。ホンダ・レーシングF1チームは二〇〇六年に契約したルーベンス・バリチェロのパフォーマンスに落胆しており、二〇〇八年には彼を降ろして佐藤かデビッドソンを起用したい。そのために二〇〇七年にスーパーアグリでデビッドソンを走らせて二人の評価をする、というものだった（それは噂にすぎず、二〇〇七年シーズン半ばにホンダ・レーシングF1チームは早々にバトンとバリチェロが二〇〇八年も同チームで走ることを発表した）。佐藤とデビッドソンの組み合わせがスーパーアグリにとってプラスになることは明白だった。

テストは、二〇〇六年十一月二十八日のバルセロナを皮切りに、十二月には二度にわたってバレンシアで、年が明けて二〇〇七年一月には十七日からヘレス、三十日からまたバレンシア、二月になると十二日からバルセロナ、そして開幕戦を控えた二月二十日からと二十七日からはバーレーンでのテストに積極的に参加した。

ところがこのテストの最中にとんでもない出来事がスーパーアグリを襲った。

実は二〇〇六年十二月十五日にスーパーアグリは山本に加えてもうひとりのテストドライバーにオランダ出身のギド・ヴァン・デル・ガルデを起用することを発表していた。そして年が明けた二〇〇七年一月三十一日、バレンシア・テストの二日目に彼にテストカーのステアリングを握らせた。ところがその翌日、ヴァン・デル・ガルデはスーパーアグリとの契約を残したままスパイカーと二重契約を結び、チームを出て行ったのだ。前代未聞の出来事だった。

ヴァン・デル・ガルデがスパイカーに移った経緯は定かではないが、彼のバックにある巨大な資金を当てにしてスパイカーが引き抜きを行ったというのが真相のようだ。ヴァン・デル・ガルデはオランダの資産家マルセル・ボークフーレンを通じてチームに十二億円を超す資金を持ち込むことが可能な立場にいた。スーパーアグリが彼と契約したのもそうした背景があったことは確かだ。彼がスーパーアグリと契約を交わす寸前、ボークフーレンがスーパーアグリの株式を買収しようとしたことも噂になった。この申し出を鈴木が断ったのが、ヴァン・デル・ガルデのスパイカー移籍につながったという説もある。

しかし、スーパーアグリとヴァン・デル・ガルデの間には確かに契約が存在した。そこでスーパーアグリはその契約書をＣＲＢ（契約承認委員会）に持ち込み、ヴァン・デル・ガルデはスーパーアグリのドライバーであることを証明して見せた。このトラブルは、スーパーアグリとヴァン・デル・ガルデの両者にとって大きな痛手となった。スーパーアグリには約束された資金は入らず、ヴァン・デル・ガルデは委員会での裁定が出るまではスーパーアグリ以外のチームで走ることが出来なくなったのだ。これではスパイカーは手も足も出ない。

この問題を除くと、スーパーアグリのテストは順調だった。二〇〇七年に入ってからのテストは、この年から単独供給になるブリヂストンタイヤにサスペンションを合わせる作業が中心になった。二〇〇六年限りでミシュランが撤退し、ブリヂストンは全十一チームにタイヤを単独供給することになった。激しい競争が行われていた時と変わって、ブリヂストンに求められることは、安全なタイヤを公平に全チームへ供給すること。そこでブリヂストンは二〇〇六年と比べて性能的には若干低いものの、新しい構造、新しいコンパウンド（ゴム質）のタイヤを開発して供給することを決めた。

「これまでブリヂストンを使っていただいていたチームと、今年から新しくブリヂストンを使っていただくチームの間に差が出るといけない。そこで、全く新しい構造のタイヤを作りました」と、ブリヂストンＭＳ・ＭＣタイヤ開発本部長の浜島裕英。つまり、スーパーアグリが二〇〇六年に使用していたブリヂストンタイヤと、二〇〇七年に使うタイヤは全く別物なのだ。ゆえにその新しいタイヤに合わせたセッティングが必要になり、いずれのチームもテストでは盛んにサスペンション回りに神経を集中させていた。スーパーアグリとて例外ではなかった。

佐藤は新しいブリヂストンタイヤを初めて履いて走ったテスト走行のあとで、「グリップ性能が低く、滑り出すと止める力が弱い。ブレーキングも若干距離は長いですね」と、分析した。それはどのチームにとっても同様だったが、一年間ブリヂストンで走った経験のあるスーパーアグリは、ミシュランから移行してきたチームに比べるとアドバンテージがあったと言うべきだった。こうしてF1グランプリ挑戦二年目を迎えたスーパーアグリF1チームは、ようやく他のチームに追いつきつつ、同じスタートラインに立ってレースを闘える態勢を整えつつあった。

急進的性能向上

「今年は入賞を目指してレースをしたいと、切に願っています。入賞は八位まで。これはワークスチームの一角を崩さなければいけないことで、目標としては非常に高いけれど、出来ないことはないと思います。去年のブラジルGPでは、SA06Bで十位に入れたんですからね。今年はそこからスタートになるわけで、そうするとあとは入賞です。全レース、ポイント獲得を狙ってレースに臨みたいと思います」

佐藤琢磨は二〇〇七年の年が明けると、きっぱりとこう言った。

二〇〇六年の初頭、F1グランプリに参戦を開始したばかりのスーパーアグリF1チームは、トップチームに六秒もの大差をつけられる苦戦を味わった。しかし、一年間の血の滲《にじ》むような努力の結果、その差は二秒にまで縮まった。劇的な短縮だった。これは何を隠そう、スーパーアグリが最初に持ち込んだSA05の性能不足と、その後に開発を行ったSA06、SA06Bの急進的な性能向上の格差と言えた。彼らはそれだけ急成長を遂げたのだ。その結果が最終戦ブラジルGPにおけるトップテン。二〇〇七年は、その十位がスタート地点になった。

新たなスタート地点からさらに上位を狙うための武器であるSA07は、前述したようにホンダ栃木研究所の支援を受けての開発になったが、その開発は大幅に遅れた。一時、開幕戦オーストラリアGPを控えて三月十二日に東京都内のホテルで行われるホンダの記者会見の場でお披露目されるという情報が流れたが、これは物理的に不可能だった。実際には、三月十四日、レースの行われる週の水曜日にメルボルン・アルバートパークのサーキットで発表が行われた。スーパーアグリのピット前に新車SA07が姿を現したのは午前十一時頃。白地に赤いアクセントのカラーリングは、前の年のSA06と比べてややオーソドックスで古くさい印象だった。しかし、インパクトは強い。ボディのサイドポンツーン横には、新しいスポンサー「SSユナイテッド」のマークとロゴが確認された。SSユナイテッドに関しては後述するとして、まずSA07の紹介をする。

このSA07、基本的には冬の間にテストを繰り返したホンダRA106改のハイブリッドマシンとほとんど変わるところはない。敢えて言うなら、ボディ各部に取り付けられた、独自に開発した空力パーツが特徴的な違いになっている。空力パーツで最も特徴的なのはフロントウイングで、独特の形状が目に新しい。フロントウイングを含めたノーズ全体は新しい衝撃吸収能力強化の規定に合わせて新設計されている。先端に向けて落ちるノーズの角度は緩やかで、そのために鋭利な印象はやや薄らいだ。リヤウイングはオーソドックスな形状だが、剛性は強化されている。これらの空力的処理について、テクニカルディレクターのマーク・プレストンは次のように説明した。

「今年のクルマは空力性能が大きなポイントになる。我々はフロントウイング、リヤウイングに独自の工夫を凝らすことによって性能向上を目指した。フロントウイングは三種類作ったが、開幕戦にはそのうち二種類を持ち込んだ。リヤウイングはいまのところ一種類のみ。あまり攻めたものではなく、広いスイートスポットを持っている。序盤三戦でデータを収集し、その後の改良に生かしていく」

ホンダＲＡ１０６の改良型とも言えるクルマで開発をスタートさせたＳＡ07。しかし完成したモデルはスーパーアグリＦ１チーム独自のアイデアの入った、革新的なモデルになった。そこには改良を手掛けたプレストンの意地が見てとれた。

以下はＳＡ07の主要諸元抜粋。

〈シャシー構造〉

フロント＆サイド複合衝撃吸収構造組み込み型成形カーボンファイバー

ハニカムコンポジット構造一体型ロールプロテクション構造
完全密閉燃料タンク
〈車体構造〉
コンポジット・サイドポンツーン&エンジンカバー
分離カーボンフロア
コンポジット・ノーズボックス
コンポジット・ウイング
〈フロントサスペンション〉
ウイッシュボーン型
プッシュロッドトーションバー&ダンパー
機械式アンチロールバー
〈リヤサスペンション〉
ウイッシュボーン型
プッシュロッドトーションバー&ダンパー
機械式アンチロールバー

〈ブレーキ〉

6ポッドキャリパー

カーボンブレーキディスク&パッド

〈トランスミッション〉

SAF1　HONDAカーボンコンポジットメインケース

電子油圧制御七速シーケンシャル（クイックシフト機構）

〈車体寸法〉

フロントトレッド　一四六〇ミリメートル

リヤトレッド　一四二〇ミリメートル

ホイールベース　三一三五ミリメートル

全長　四六八〇ミリメートル

全高　九五〇ミリメートル

全幅　一八〇〇ミリメートル

〈エンジン〉

ホンダRA807E　V型八気筒自然吸気

出力　　　　　　　七〇〇馬力以上／一万九〇〇〇回転
燃料噴射装置　　　ＨＯＮＤＡ　ＰＧＭ－ＦＩ
点火装置　　　　　ＨＯＮＤＡ　ＰＧＭ－ＩＧ

新車ＳＡ07を開幕戦オーストラリアＧＰに持ち込んだスーパーアグリＦ1チームは、現地におけるレース開催直前の発表にもかかわらず、三月十六日・金曜日からの走行ではいきなり快走を見せ、周囲を驚かせた。アンソニー・デビッドソンが十一番手、佐藤も十三番手につけた。この練習走行が実質的なシェイクダウンになることを考えれば、ＳＡ07の実力は相当高いことが窺われた。常に最後尾に近いタイムしか記録できなかった二〇〇六年と比べると、その進化は目を見張るものがあった。

だが、土曜日になるとアルバートパーク・サーキットはさらなる驚きに包まれた。午前中の練習走行ではデビッドソンが四番手、佐藤が九番手と、共に好タイムをマーク。そして午後の公式予選が始まると、驚きは頂点に達した。Ｑ1（第一予選）は二人揃って簡単に通過。これだけでも驚きだが、Ｑ2（第二予選）では佐藤が再び上位十人に残るタイムを叩き出し、ついにＱ3（最終予選）へ進出してしまったのだ。生き残った十人のドライバーが順位を競うＱ3ではレース戦略を考えて燃料を多く搭載したため十番手のままのグリッドに甘んじたが、それでもＱ3へ進むことが出来る実力を見せたことで、スーパーアグリに対する他チームの視線が明らかに変わった。さらに、デビッドソンもQ2突破寸前の十一番手。これでSA07の実力は証明されたと言っても良かった。「まさかと思いました。まさかQ3に進めるとは思いもしなかった」と、佐藤。「Q3が始まる時、ピットレーンの出口に並びながら、何で自分がここにいるんだろうと思いました。これまでQ3はテレビでしか見たことがなかったから」と、チームのスタッフを笑わせた。デビッドソンは最終コーナーでタイムをロスした。「あれがなければもう少し上に行けたはず。ふたつのセクターで琢磨よりタイムが良かったので」と、ちょっぴり悔しそう。しかし、二人はグリッド五列目と六列目に並ぶことになり、決勝レースへ期待をつないだ。

ところが決勝レースは思うように事が運ばなかった。デビッドソンはスタートでエンジン操作を誤り大きく出遅れ、その後スパイカーに接触されてクルマが跳ね上げられた。着地した時に激しく背中を痛め、SA07もボディにダメージを受けた。それでも奮闘して十六位で完走した点は、大きく評価できた。レース後デビッドソンは病院へ向かった。

佐藤はスタートで順位を上げたが、その後のピットインで手間取り、結局最終順位は十二位。予選の俊足ぶりを披露することは出来なかった。しかし、レース中にはホンダ、トヨタといったワークスチームと互角に戦った佐藤とSA07。一年前には想像すら出来なかったポジションでレースを戦うことになった自信は、この先のシーズンに大きな希望をもたらした。

だが、この好成績が、再び内包する問題に火をつけたことも事実だ。その問題とはカスタマーカーに関する問題で、二〇〇六年には同じレベルで戦っていたスーパーアグリの突然の飛躍を歓迎しないスパイカーが、オーストラリアGPの予選終了後にSA07の違法性を訴えて、レース審査委員会に異議を申し立てた。同委員会は、この問題はコンコルド協定に関するものであり、レース審査委員会の関知するところではないとスパイカーの訴えを受理しなかった。しかも、抗議はセッション終了後二時間以内に行わなければならない、という条件を満たしていなかった。だが、スパイカーは引き続きスーパーアグリに対する異議を訴え続ける姿勢を見せ、スイスのスポーツ調停裁判所に訴える考えを明らかにした。

スパイカーの主張は、SA07は明らかに二〇〇六年にホンダが走らせていたRA106をベースにしたものであり、クルマはそれぞれのチームが独自に開発・製造したものであるべきと規定するコンコルド協定に違反しているというもの。しかしスーパーアグリ側は、SA07はスーパーアグリのチーフデザイナー、ピーター・マックールがホンダの栃木研究所と共同で開発を担当したものであり、そもそもベースとなったホンダRA106の知的所有権は前述した通りPJUUに帰属しており、まったく違法性はないと主張する。

実は、SA07の発表をレースの週の水曜日に行ったのは、スパイカーのようなチームからの異議申し立てでレースに出走できなくなる可能性を消すためだった。テストでホンダRA106のハイブリッドカーを使用したのもそのためだ。案の定、オーストラリアGPの現場ではスパイカーは時間に制約されて正式な抗議に至らなかった。ただ、SA07が発表されてすぐにスパイカーのスタッフが実車の細部を写真撮影し、ホンダRA106の資料と並べて抗議の準備をしているという話が伝わってきた。スイスのスポーツ調停裁判所に訴えを起こす時には、それらの資料を添付するつもりだったのだろう。

しかし、スーパーアグリの代表・鈴木亜久里は、「我々は規則を遵守しており、コンコルド協定に違反の事実はないものと信じている」と、自信を持ってコメントを出している。オーストラリアGPではこの問題はここまでで、スパイカーが調停裁判所に出した訴えには、まだ結論が出ていない。一時、スパイカーも訴えを取り下げるとの噂があったが、現実には未決のままだ。

ところで、オーストラリアGPからSA07のボディサイドとリヤウイングにロゴが描かれているSSユナイテッド・グループ・オイル&ガス社という会社は、スーパーアグリF1チームが久々に獲得した大口スポンサーと言えた。しかし、その発表は唐突だった。オーストラリアGPの水曜日に行われたSA07の発表の場で公表されたが、メディアの関心を引くこともなく、同社の方から積極的にスーパーアグリF1チームの支援を窺わせるプログラムも伝えられなかった。発表後にメディアの希望で行われた同社代表といわれる斎藤剛寿の記者会見によると、同社は香港にベースを置き、タイ、インドネシアの石油・ガス採掘権をトレードする会社と理解できた。つまり、石油メジャーの手の届かない地域で石油やガスの売買を行う組織である。タイに本社のあるサハ・リーガル・ベスト社と、香港ベースのSSユナイテッド・オイル&ガス社が二〇〇六年に合併して組織されたのがSSユナイテッド・グループ・オイル&ガス社という、今回スーパーアグリを支援することになった組織だ。

ところで、メディアに同社代表と説明された斎藤は同社のホームページでは取締役に名前が連ねられているに過ぎず、実際の同社の代表は中国系香港人のケルビン・チャンという人物であることが記されている。もちろん、舞台演出家のケルビン・チャンとは同名異人だろう。

同社のスーパーアグリとの契約内容は明らかにされなかったが、一説によると、チームに対して三十億円ものスポンサーマネー提供の申し出があったという。ただし、それは直接ではなくばんせい証券という証券会社を間に挟んでの契約であるとされる。もちろんその契約形態がどうであれ、スーパーアグリが活動資金を入手できることは万々歳であって、これまでその獲得に苦労してきた鈴木亜久里チーム代表にとっても、やっと一息つけたと言えるだろう。そして、その契約によって、オーストラリアGPを控えて契約金額の半額に当たる十五億円がばんせい証券を通してスーパーアグリF1チームに支払われたと言われた。

分相応

こうして予想を上回る好調さでスタートを切ったスーパーアグリの二〇〇七年は、開幕戦オーストラリアを終えて第二戦マレーシアGP、第三戦バーレーンGPへと駒を進めた。マレーシアのレース前にはフライアウェイのレースとしては初めてレース直前にテストが行われ、スーパーアグリは二人のドライバーがSA07のステアリングを握った。開幕戦で予選十番手に入ったことで二〇〇七年シーズンは前年とはひと味違ったレースが出来そうだと、佐藤琢磨も鈴木亜久里も考えているようだった。

「チームが明らかに第二ステップに踏み出した感じだ」と、鈴木は言う。本当の勝負はこれからだ。つまり、これまで狙おうともしなかったものが狙え始めた、ということである。しかし、その域に入ると緊張はより高まる。これまでは想像すら出来なかったミス、つまり高次元で起こるミスが表面に顔を出すようになる。そして、そのミスひとつが足を引っ張る事態が起こる。ゆえに、チームのスタッフはこれまで以上に緊張感を持って作業に従事しなければならなくなる。

「トップチームでは当たり前のことが、これまでの我々のチームでは経験出来ていなかった。我々はそれをこれから経験する。その経験こそトップチームになるために通らなければならない道だ」と、鈴木は覚悟を決めている。

それは、例えばマレーシアGP直前に行われたテストを無駄にしないことだった。そこで得られたデータや情報をレースに生かすこと。それには、テストのやり方からデータの集積の仕方、生かし方を十分に心得ておかなければならないということだ。マレーシアのテストでは、酷暑のレースでタイヤの使い方を再確認する作業に時間を割いた。それには、先のオーストラリアGPで、せっかくの予選順位をレースの結果に生かせなかった反省が込められてもいた。レースのペースが思うように上がらないのは、タイヤの性能低下が大きな理由にある。他チームのタイヤは性能低下の幅が狭いのに、なぜSA07のタイヤは早く性能を落としたのか。そうした解決すべき問題が目の前にあったのだ。

しかし、考え方によれば、オーストラリアGPのレース結果こそスーパーアグリの実力であって、予選で佐藤が十位に食い込むことが出来たことこそ嬉しい番狂わせであったというべきかも知れない。確かにそれ以降のレースを見てもSA07の実力はQ2進出までだった。

「オーストラリアは何が起こるか分からないという面があった。でも、冷静に考えてみればQ3に進出するのは難しいのがスーパーアグリの現状です。現実的にはすべてのレースでQ2進出を目指していきたい」と、佐藤はマレーシアGPのレース前に語っている。そして、「重要なのはレースの結果。オーストラリアで課題となったレース・ペースの向上こそ我々が直面していること。そこを伸ばしていきたい」とも。

その言葉を裏付けるように、マレーシアでの佐藤は予選でQ2進出を果たして十四番手。決勝レースではスタートでトロロッソに押し出されて後退、そこから巻き返したが十三位完走がやっとだった。チームメイトのデビッドソンはレース中のペースが上がらず十六位。この辺りがスーパーアグリの現実的な順位なのかも知れない。

マレーシアではさらに新しい課題が降りかかってきた。ピット作業におけるミスの発生だ。佐藤のクルマは本来履くべきではないタイヤを装着したせいでタイムが伸びなかったのだ。一年目は経験不足からミスが発生する確率は高かったが、二年目に入りクルマの性能が向上して戦いが厳しくなると、今度はプレッシャーからミスが起こるようになった。この問題も経験を積むことによってしか解決できないことかも知れないが、チームのスタッフには経験を凌駕《りようが》する努力が求められる。

続く第三戦バーレーンGPでは佐藤とデビッドソンの予選での位置が逆転した。デビッドソンはQ2に進み十三番手のグリッドを獲得したが、佐藤は最後までグリップが得られず十七番手が精一杯だったからだ。理由は「レースを考えてロングランでクルマが安定する方向を探ったら、タイムが伸びなかった」(佐藤)から。つまり、当たり前の結果と言えた。そして、予選十七番手という決して歓迎されないポジションからの挽回を目指してアグレッシブに攻め立てたが、せっかくのロングランでの安定を求めたセッティングも満足のいくパフォーマンスを引き出すことが出来なかった。最後にはエンジンが壊れて三十五周目にメインストレートでストップした。デビッドソンも予選での好位置を生かすことができず、レースでは六周を残してエンジントラブルでリタイアした（完走扱い）。

スーパーアグリが二台揃ってリタイアしたのは二〇〇六年のドイツGP以来。残念ながらシーズン序盤のフライアウェイの最後のレースを好結果で終えることは出来なかった。しかし、バーレーンGPが終了すると一ヶ月近くレースはない。その時間をいかに有効に使ってクルマの性能を向上させるかで以降の結果を左右する。その成果が問われるのがヨーロッパラウンド緒戦のスペインGPだった。

CHAPTER 7

一ポイントの重み

二〇〇七年五月十三日

スペインGPを控えて、カタルニア・サーキットで合同テストが行われたのはレースの二週間前。そのテストに持ち込まれたSA07は、開幕三戦を戦ったクルマから大きな進化が見られた。最も大きな改良点はギヤボックスだ。シーズン開幕からはホンダ栃木研究所で開発されたホンダRA107が使用しているカーボンファイバー製ケースが間に合わず、アルミ製を使用していた。それがこのテストからカーボンファイバー製に変更になったのだ。この変更によってリヤ回りの空力パッケージがかなり自由に、効率良くデザイン出来るようになり、その結果新デザインになったディフューザーは以前と比べて車体下の空気をかなり大量に排出出来るようになった。

リヤ部分のデザイン変更はリヤウイングとその翼端板の形状にも及び、リヤのダウンフォース量は大幅に上がった。おかげでリヤタイヤにかかる荷重が増え、接地量が上がったことで無用なスリップが減少し、摩耗が少なくなった。同時にトラクションが向上、ブレーキング時の挙動安定など、幾つもの相乗効果が得られた。空力面の変更に関しては単にリヤウイングが変更になっただけではない。ボディサイドに取り付けられているいくつかの空力パーツに顕著な変更が施され、空力に関しては総合的な性能がかなり向上したと言えた。

テストでは、初日に佐藤が一分二十一秒八（非公式）という二番目に速いタイムを記録した。このタイムをもって、スーパーアグリはスペインGP本番では予選でQ3進出の可能性が大幅に増えるだろうという予測を立てた。こうしたポジティブな現象を元にした思考は、チームやドライバーにとって非常に有効なカンフル剤になる。ただ、経験のない事象に対しては気持ちばかりが先走って肝心の仕事は空回りすることになるだろうが、スーパーアグリは開幕戦オーストラリアGPで佐藤が予選十番手に入っており、対処の仕方は心得ている。

スペインGPは五月十一日、カタルニアのぬけるような空の下で、幕が切って落とされた。スーパーアグリF1チームは、佐藤琢磨がQ1をホンダ・エンジン勢最上位の十位（アンソニー・デビッドソン十一位）で通過した。二台のワークス・ホンダを凌《しの》いでの結果だった。明らかにテストの成果が見え始めたと言えた。ところがQ2では一回目のタイムアタックを終えてすぐ、SA07が燃圧低下でコース上にストップ、万事休した。原因はガス欠だった。結局予選グリッドは十三番手。期待が大きかっただけに肩すかしを食らった感じがしたが、すでに経験一年以上というチームにとってこのトラブルは恥ずかしいミスと言えた。決勝レースでの追い上げに期待するしかなかった。デビッドソンは十五位で予選を通過、佐藤の真後ろからレースをスタートする。

決勝レースは興味ある展開になった。こういえば皮肉に聞こえるかも知れないが、ホンダのルーベンス・バリチェロが佐藤のすぐ前の十二番手グリッドからスタートし、とんでもないスローペースで後続車を抑え続けたことが、結果的に佐藤の好成績に貢献する形になった。

レースはポールポジションからスタートしたフェラーリのフェリペ・マッサと、マクラーレンのフェルナンド・アロンソ、ルイス・ハミルトンの三人が、最初から最後までトップを争った。レースを自分のものにして走ったのはマッサで、彼のバーレーンGPに続く勝利は爽快で気持ちの良いものだった。しかし佐藤のレースは、序盤はフラストレーションの溜まる、苦しい戦いだった。

グリッド十三番手という位置は微妙なスタート位置だった。早いうちに集団から抜け出すことが出来れば上位進出の可能性が高い位置だが、遅いドライバーやクルマが前にいた場合には最悪の状況になりかねない。二〇〇七年のスペインGPは佐藤にとってひとつ間違えばそうなったレースだった。

スタート自体は佐藤にとれば平穏だった。彼は予選順位を守ったままレースを開始した。ところが、フラストレーションの溜まる原因が何台か前にいた。ホンダのバリチェロだった。彼は後ろに続くチームメイトのジェンソン・バトン、ルノーのフィジケラ、そして佐藤を抑えて走った。しかし、ペースは一向に上がらず、かといってバリチェロも後続車に抜かれるのをよしとせず、抜きどころの少ないカタルニア・サーキットであることを幸いに、だらだらとしたレースが続いた。その間にトップグループははるか彼方へ逃げてしまったが、アースカラーに塗られたホンダに乗るバリチェロに抑えられた中団グループはまるで地中から掘り出した芋のようにその後ろにぶら下がって走るしか術はなかった。実は、佐藤自身もタイヤの内圧の調整が上手く行かず、自力で前のクルマを抜き去るだけのパフォーマンスを発揮するまでには至らなかった。

だが、序盤で三位を走っていたフェラーリのキミ・ライコネンが脱落したり、バリチェロとバトンの同士討ちでバトンが後退したりで、一回目のピットストップが終わると佐藤は順位を上げて十位を走行するようになっていた。彼の前にはフィジケラ、その前には相変わらずバリチェロがいた。流れが変わったのは二回目のピットストップが終わり、レースが最後のスティント（スタートあるいはピットアウトから次のピットインまでの間隔）に入ってからだ。バリチェロは力尽きて後退、フィジケラが八位、佐藤はいつの間にか九位を走行していた。つまり、ここに来て予想だにしなかった入賞の可能性が見えてきたのだ。だが、佐藤はチームから発破をかけられるまで入賞を意識することはなかった。

「二度目のピットインをした後に九位になっていたので、今日は上出来かなって思いながら走っていました」と、佐藤。とにかく現在のスーパーアグリF1チームで、SA07をして一桁の順位でレースをすることは、想像以上に大仕事だったのだ。しかし、可能性はどこにでも転がっている。佐藤はチームからの無線を聞いて、その可能性を手に入れてやろうと思う気持ちが身体全体から、脳の内側からわき上がってくるのを止めることが出来なくなっていた。実はそこから彼のレースが始まったと言ってもよかった。

チームが無線で佐藤に発破をかけたのには理由があった。それは、終盤に入ってから、前を走るフィジケラがとても理解しがたいペースで飛ばし始めたからだ。最後の燃料補給を済ませていままさにコース上にいるクルマは、大方同じ量の燃料を搭載しているはずだった。それは、残り周回数は誰にとっても同一で、それを走りきるには同じような量の燃料が必要だからだ。そして、同量の燃料を搭載したクルマのラップタイムは、それほど変わることもなかった。ところがフィジケラは佐藤に対して一秒近く速いタイムで逃げ始めたのだ。両者の差はどんどん広がり、レースを十周ほど残した時にはその差は二十秒にも広がっていた。

二人の攻防戦のそもそもの伏線は、一周目のターン9でフィジケラがコースを飛び出したことに端を発していた。グリッド十番手からスタートしたフィジケラは佐藤の目の前十二番手でコースに戻ってきて、その後レースが終了するまで佐藤と火花を散らした。佐藤はフィジケラに追いついては離され、離されては追いついた。だが、二度目のピットストップが終わり二人が八位、九位に上がったいま、佐藤のヘルメットの中でチームからの無線がひっきりなしに叫び始めたのだ。「それ以上フィジコに離されるな!」

実はこの時、佐藤の前を行くフィジケラはトラブルを抱えていた。彼のルノーの燃料タンクには、最後まで走りきるだけの燃料が残っていなかったのだ。

フィジケラの異変に気付いたのはスーパーアグリのチームスタッフだった。一人のスタッフがタイミングモニターを凝視しながらこう言った。「フィジケラのラップタイムがいくら何でも速すぎる。タクより一秒近く速いなんてあり得ない」。それは、フィジケラのクルマが佐藤のＳＡ07よりかなり軽いことを意味していた。その時、イギリス・リーフィールドのスーパーアグリの工場でレースの成り行きを見守っていたエンジニアからサーキットに連絡が入った。

「フィジコのルノーはさっきのピットストップで燃料が十分に入っていない。もう一度ピットへ入ってくる。その瞬間を逃さなければタクはフィジコの前に出られる。ポイント獲得のチャンスだ。タクに攻めるように伝えてくれ」

イギリスの工場ではエンジニアたちがコンピュータの前から離れ、テレビ中継の画面に見入っていた。そこにはフィジケラに迫る佐藤のＳＡ07が映し出されていた。テレビの解説も「フィジケラがもう一度ピットストップをするはずだ。そうなればスーパーアグリが入賞する可能性がある」と叫んでいた。スペインＧＰの終盤は、トップを走るフェラーリのマッサや二番手のマクラーレン勢の走りより、八位争いをするルノーのフィジケラとスーパーアグリの佐藤の攻防に誰もが釘付けになっていた。

その瞬間は五十八周目にやって来た。レースは残り七周。フィジケラのルノーがピットへ滑り込んだ。フィジケラと佐藤との差は二十二秒。これはピットアウトしたフィジケラと追い上げる佐藤が第一コーナーで交差する可能性を秘めたタイム差だった。佐藤が五十八周目の第十二コーナーに差し掛かった時、ピットから無線が入った。「フィジコがピット！」。佐藤はそれを聞いて、「え〜、やばいよ」と思ったという。五十九周目の第一コーナーでフィジケラの前に出るのが常套手段だが、そこまでにはまだ相当距離があったからだ。アクセルを蹴飛ばしてメインストレートを走りながら、ピットウォールの向こう側にいるフィジケラを思った。

佐藤がメインストレートを駆け抜けたちょうどその時、僅か五秒足らずで燃料補給を終えたフィジケラがピットから飛び出してきて、両者は並ぶように第一コーナーに突入した。その時、佐藤は渾身の力を絞ってフィジケラをアウトから抑えつけるように背後に押しやった。それからの数周、フィジケラは猛烈に佐藤をつついた。SA07の背後にピタリとルノーR27を張り付かせて、追い抜きのチャンスを窺ったのだ。だが、フィジケラのタイヤはすでに限界。すぐにフィジケラはアタックを諦め、九位確保に切り替えた。この瞬間、佐藤は八位入賞を確信した。貴重な一点を手に入れたのだ。手中にあった一ポイントを失ったフィジケラの無念さはいかばかりか。

反対に、「予想さえしていなかった八位入賞」を手に入れた佐藤の喜び。最後の周、ピットウォールに鈴なりになるスーパーアグリのスタッフたち。まるで優勝したチームのような盛り上がり方だった。佐藤はSA07を蛇行させ、チームのスタッフがいるピットウォールにクルマを寄せて感謝のジェスチャーをした。クールダウンの一周は、コクピットの中で両腕を突き上げたり拍手したり、喜びをどうやって表現すべきかもどかしさに地団駄を踏んでいるような感じだった。早く喜びをチームのスタッフと分かち合いたい。その方が喜びは何倍にもなる。

チーム代表の鈴木亜久里は冷静を装ってはいたが、心中穏やかではなかった。喜びがジワジワと押し寄せ、言葉は輝いていた。

「チームとしてはやれることをすべてやった感じだ。優勝に匹敵する一点だと思う。これでまず第一のターゲットをクリアすることが出来たので、今後もいいレースをきっちりやっていかなければ。まだ、いまの我々のレベルは自力で入賞できるところまで行っていないと思う。しかし、前のグループに何かあるとチャンスはやってくると思っていた」

「フィジケラがピットに入るということが分かってからは、チームは琢磨に対してとにかくプッシュのサインを出し続けた。フィジケラの前に出ることが出来たのも、そうしたチーム全体の力の賜《たまもの》だと思っている。前にさえ出られたら、カタルニアのコースは簡単に抜けないことは分かっていたから、あとはどうにでもなれという感じだった。琢磨が抜かれることよりも、何かトラブルが出ることの方が怖かった。この入賞はまだ第一歩。これから先まだまだやらなければならないことが山のようにあるし、チームとしては方向を修正していかなくてはいけない点もある。でも、ここで一点取ることが出来たということは、実に大きな意味を持っている」

鈴木の言葉は、止まることを知らない。よく日焼けした肌に、白い歯が印象的だ。

一方、クルマから降りた佐藤はチームのスタッフと抱き合い、やっと嬉しさを分かち合うことが出来た。パドックでは鈴木と抱き合った。そしてチームのスタッフが佐藤を肩車に乗せた。彼らは誰もが弾けたような表情をしていた。佐藤は、「今日は全開も全開、スロットルペダルが曲がっていると思う」と、笑わせる。

「今回の一ポイントの価値は、これまで僕が獲得してきたポイントとは比べものにならない。とんでもない意味があります。チームがF1に参戦を始めて、たった一シーズンと四レースでポイントを取ることが出来るなんて夢のよう。現場、リーフィールド、ホンダ栃木のメンバー、そしてファンの期待に応えることが出来て、こんなに嬉しいことはないですね」

二〇〇七年五月十三日は、佐藤琢磨にとって人生で最も重要な一日になったと言えるだろう。

もう一度入賞を

スーパーアグリF1チームの二十二戦目にしての入賞は、他チーム、特に二〇〇六年に同レベルで戦い、二〇〇七年には完全に打ち破ってやろうと考えていたスパイカーを刺激した。彼らはシーズン開幕からスーパーアグリに圧倒された。その状況を打破するにはカスタマーカー問題を持ち出して、サーキットを離れた場所での対決姿勢を打ち出して行くしか、なす術《すべ》はなかった。しかし、スーパーアグリの鈴木代表はスパイカーの抗議などどこ吹く風、という態度を貫いた。

しかし、現実にはカスタマーカー問題は簡単に解決できる種類のものではなかった。

スペインGPでスーパーアグリが入賞したあと、再びスパイカーが抗議をしたことで、関係者がモナコGPで会合を持つことになった。F1の主と言われるバーニー・エクレストンも、いつまでもこの問題を引きずることをよしとせず、解決に尽力することを公言した。しかし、各チームの代表が揃ったその会合でも、結局解決策は見つからなかった。

常識的に考えると、何事もルールやレギュレーションに則していなければ違反だが、カスタマーカーの場合はルールでもレギュレーションでもなく、コンコルド協定という、複雑な表現によってF1の約束事を盛り込んだ書類に記された取り決めであり、それは幾つもの解釈や抜け道があるような作りだった。中でもカスタマーカー問題の焦点は、グランプリカーが知的所有権をいかにクリアしているかであって、スーパーアグリのSA07の場合は、ホンダに知的所有権のあるホンダRA106とはまったく違うものだということを証明しなければならなかった。

チーム代表の鈴木は事あるごとに、「SA07とRA106は別物」と主張し続ける。しかし、一方でホンダの協力を得てホンダRA106の知的所有権をホンダからPJUに移行してもいるところを見れば、SA07はRA106と同一かも知れないがRA106ではない。なぜならRA106はホンダに知的所有権がないからだ、というトリックを駆使しているようにも見える。ここにコンコルド協定を遵守しているという論理があり、スーパーアグリがカスタマーカー問題には頓着しない、という姿勢はあるが——。

この問題は早急に解決しなくてはならなかったが、スペインGPで入賞したことがどのように影響するかは、見極める時間がもう少し必要だろうとされた。しかしスペインGPから二戦後に行われたカナダGPでスーパーアグリF1チームが挙げたさらなる好成績で、スパイカーの動きは一層激しさを増した。

佐藤琢磨はスペインGPで入賞した後、次のように言った。

「次のモナコGPからはまた厳しい状況になると思います。でも、ここからさらに上を目指して、実力で予選十位以内、レースではもう一度トップ8を狙って全力で頑張っていきます」

確かに彼の言うとおり、モナコは厳しい戦いになった。予選で上位につけることが好成績につなげる唯一の方法だが、SA07ではそれは叶わぬ夢であり、現実は予想通りに厳しいレースを強いられ、入賞からは遠い結果に終わった。

だが、それだけに次のレースに賭ける意気込みはさらに増した。次はヨーロッパを離れて遠い、北米二連戦。カナダGPとアメリカGPは佐藤琢磨にとれば得意なレースだった。

カナダGPの行われるジル・ビルヌーブ・サーキットは、名うての厳しいサーキットだ。長いストレート、急減速の必要なヘヤピンコーナーなどで形成される。最大の問題は路面コンディションの変化が大きいことだ。初期には汚れが激しく、タイヤの摩耗、ささくれが大きく出る。走行ラインを外すとタイヤ滓《かす》が大量に落ちており、それをタイヤが拾うと走行に影響が出る。加えてコースのあちこちに凸凹があり、クルマが跳ねまくる。しかし、条件は誰に対しても同じ。そして、こうした条件下の方がスーパーアグリのようなチームにとればチャンスはある。それは、上位のチームがトラブルに絡め取られる可能性が高いからだ。しかし、スーパーアグリの二人のドライバーもコース攻略にてこずったことは確かだ。

それでも佐藤は予選でQ1を通過、十一番手のグリッドを獲得した。この十一番手というスタート位置は、考え方によればQ3に進出して九番手、十番手あたりのグリッドを獲得するより効果的と言えたかも知れない。それは、Q3に進んで上位十個のグリッドを埋めたクルマは、予選前に搭載した燃料で一回目のピットストップまで走りきらねばならないからだ。それは、レース戦略の幅が狭くなることを意味する。それに対して予選十一位は、グリッド的には九位、十位とほとんど変わらない位置からのスタートにもかかわらず、Q3に進出しなかったことでレース前にいくらでも燃料搭載量の調整が可能。つまり、レース戦略はかなり自由になるということでもある。佐藤もこう言う。

「持っているものをすべて出し切った上での十一番手だから、結構嬉しいです。もう少しでQ3に進めたけれど、十一番手の方が良いこともある。というのは、十一番手なら色んな戦略を立てられる」

これはまさしく決勝レース前に積載燃料の量を調整できることを指している。それが出来れば、レースにおける燃料補給のタイミング、つまりピットストップのタイミングを上位十グリッドのチームより有利に選択することが可能だ。タイヤの調子、コース上の混雑具合、走行順位などを考慮して戦略を立てられるということである。

決勝レースは、ポールポジションからスタートしたマクラーレンのルイス・ハミルトンが初優勝に向かってひた走り、世界中のF1ファンが注目した。しかし、二〇〇七年のカナダGPで注目されたのはハミルトンだけではなかった。我らがスーパーアグリの佐藤琢磨も、ハミルトンに負けないほどの注目を浴びた。それは、佐藤が久しぶりに見せた強烈な走りのためだった。まさしく強烈な走りだった。

スタート直後の第一〜二コーナーで、佐藤は予選十位のヤルノ・トゥルーリを抜き去った。これが佐藤の果敢なレースの始まりだった。一回目のピットストップはセーフティーカー（コース上で起こったトラブルを片付けるためにF1カーの速度を落とさせる先導車）が出たタイミングだった。十八番手まで後退したが、そこから追い上げを開始した。ライバルのピットインにも助けられて、ひとつずつ確実に順位を上げていった。それは、久しぶりに満足のいくセッティングが得られたSA07と、コースに合ったブリヂストンのソフトコンパウンドのタイヤが、絶妙のコンビネーションを発揮したからだ。クルマが決まった時の佐藤の走りには光るものがあった。

佐藤のコンスタントな走りとは逆に、レースは波乱に満ちた展開を見せた。二十七周目、BMWザウバーのロバート・クビツァがヘヤピンへのアプローチで前を走るトゥルーリのトヨタに接触、宙を舞ってコンクリート壁に激突する事故が起こった。クビツァは奇跡的に軽い脳震盪《のうしんとう》と足首の捻挫《ねんざ》ですんだが、命を落としてもおかしくない衝撃的な事故だった。そのために再びセーフティーカーが出た。

それから数周後、一回目のピットインで大幅に遅れたフェラーリのキミ・ライコネンが佐藤の前につけた。セーフティーカーが引き上げてレースが再開されると、ヘヤピンでライコネンがおかしたミスを佐藤は見逃さなかった。立ち上がりで赤いフェラーリを抜き去った。佐藤は落ち着いて、レースをすっかり自分のものにしていた。たびたび入るセーフティーカーでレースは細切れの様相を見せたが、佐藤はそうしたリズムの破断をも計算に入れたような走りを見せた。破綻のない走りだった。リズムを摑んだ自信に溢れていた。

そういう時には思い切った行動が出来るもので、何をやってもうまく行くものだ。ソフトタイヤと比べるとよりゴム質の軟らかいスーパーソフトタイヤを、可能な限りレースタイムを失わないように使い切ることも、佐藤は自分で考え独自に行動に移した。

五十周目、クリスチャン・アルバースのスパイカーがコースアウトしコース上に破片をまき散らし、三度目のセーフティーカーが出た。セーフティーカーが出動するとクルマは隊列を組んでセーフティーカーの後ろを走行しなければならないが、隊列が整うまでの間、ピットへの進入が禁止される。この時、佐藤は一時的にピット入口が閉まる前に、自らの判断でピットへ入り、スーパーソフトタイヤを装着した。そして、ピットレーン閉鎖が解かれた五十三周目のタイミングを見逃すことなく、またピットへ飛び込み、ソフトタイヤに戻して最後のスティントに出て行ったのだ。

「無線で入るよって言いながら入りましたよ。突然だったので腰を抜かしたメカニックもいたけど、彼らはちゃんと僕の気持ちを分かってくれていて、きちんとタイヤを交換してくれました」

二〇〇七年のレースでは、ブリヂストンが供給する二種類のコンパウンドのタイヤを必ず使用しなければならない。二種類のタイヤは必ず性能に差があり、使うタイミングが勝敗に影響を及ぼす。カナダGPではコンパウンドの軟らかいスーパーソフトタイヤの性能が低かった。

セーフティーカー導入時のピットストップでも、タイヤ交換作業は許されている。佐藤はそこを突いたのだが、もしそのタイミングでセーフティーカーが出動しなかったら、最後のスティントをスーパーソフトタイヤで走らなければならず、その後の展開は変わったものになっていたはずだ。だが、前述したように、物事がうまく運ぶ時にはすべてが計算通りに進む。タイヤをソフトコンパウンドに替えてからは、上位追走のペースをさらに上げることが出来た。五十三周目にタイヤ交換を終えてから十三周後の六十六周目、トヨタのラルフ・シューマッハーをかわした。バックストレートでシューマッハーのスリップストリームに入り、最終シケインのブレーキングで前に出た。ブレーキもハンドリングも、六十周以上走ってきたクルマとは思えないほど快調だった。シューマッハーを抜いてからも佐藤のペースは落ちず、一分十九〜二十秒台の走りが続いた。シューマッハーを抜いた時点ですでに佐藤はスペインGPで獲得した一点より多い得点（二点）を獲得できる順位にいた。七位。夢のような瞬間が続いていた。だが、そこにさらに女神が幸運を運んできつつあった。佐藤の視野に、アロンソのマクラーレンが入ってきたのだ。

「ラルフを抜いた次の周、あまりに早くアロンソに追いついたのでちょっとビックリ」と佐藤。ストレートスピードはアロンソのマクラーレンが圧倒的に速かった。だが、佐藤は諦めなかった。それは、アロンソのリヤタイヤに酷《ひど》いゴムのささくれが見てとれたからだ。

「あのタイヤでは絶対に最後まで抑えきることは出来ないはず」と、佐藤は読んだ。コーナーではグリップが不足、立ち上がりではトラクションがかけられなくて、アロンソが苦悩しながら走る姿を後ろから見ながら、「よし、最終シケインで絶対に抜いてやろう」と、考えた。六十八周目、ヘヤピンの立ち上がりで佐藤はアロンソの後ろにピタリとついた。今度ばかりは離されない。ストレートでアロンソのスリップストリームに入った。最終シケインへのアプローチで横に並んだ。ブレーキングは我慢比べになった。だが、佐藤が読んでいたとおり、アロンソが履いたスーパーソフトタイヤは、グリップをすっかり失っており、とても佐藤のソフトタイヤと同じ距離で減速することは出来なかった。我慢比べはそれを知っての上で、だ。

シケイン入口の右コーナー、ついに佐藤がアロンソにブレーキで競り勝って、外側から被せるようにシケインに飛び込んだ。シケインを立ち上がる佐藤のSA07に向けて、スタンドの観衆は立ち上がって拍手と声援を送った。中には日の丸を描いた蓑笠姿の観客もいる。スーパーアグリ、佐藤琢磨の応援に来たのだろう。まるで鈴鹿サーキットを埋めた観衆の歓喜の様子を見ているようだった。佐藤に向けて送られた歓声は、小さなチームの非力なクルマでチャンピオンを出し抜いた行為に対してのものだった。国境も、民族も、肌の色も超えて、素晴らしい技を見せてくれた人に対して分け隔てなく送られる歓喜の声。佐藤はそれを聞いて何を思ったか。

シケインを立ち上がり、六位という望外の順位で越えたゴールライン。背後に引き連れて走るのは過去二年連続のチャンピオン。これほど揃った舞台は、どこを探しても見つかるまい。

佐藤の喜びが大きかったのにはもうひとつ理由がある。それは、カナダＧＰは彼が本当の激戦をかいくぐって勝ち得た六位だったからだ。

「バトルして、オーバーテイクして獲得した六位ですから、そりゃあ嬉しいですよ」と、佐藤は満面に微笑みを浮かべる。「金曜日からタイヤを気遣って走りました。とにかくリヤタイヤにささくれを出したらお終いだと思って」

波乱のレースを制したのは冷静な走りに徹したマクラーレンのハミルトン。しかし、佐藤もハミルトン以上に冷静にレースを運んだ。スーパーアグリF1チームで走り始めて、佐藤琢磨は成長した。その成長した走りが結果を引き寄せたのだ。

チーム代表の鈴木亜久里は、レース後に次のように語った。

「スペインの八位入賞には感激したが、ここの六位は呆気《あっけ》にとられていた。信じられない気持ちの方が強い。六位なんて望外……」

CHAPTER 8

苦境脱出なるか

雨の日本GP

二〇〇七年カナダGPで佐藤琢磨が六位入賞を果たして、スーパーアグリF1チームのモチベーションが俄然上がってきた。限られた活動資金で苦しい戦いを続ける同チームにとって、ポイント獲得といった好成績は何物にも代え難い贈り物だった。その勢いを駆ってアメリカGPに挑み、そこでもアンソニー・デビッドソンが奮闘して十一位で完走、鈴木亜久里もチームの著しい進化に喜びを隠せなかった。だが、その頃からチームの勢いは次第にしぼみ始めていた。

理由はやはり資金難だった。第九戦イギリスGPの前に行われたシルバーストンのテストに参加できなかったのは、まさにその資金難が理由だった。F1マシンを速くするにはとにかく走り込むことが最も効果的といわれている。最近ではシミュレーションによって特定のサーキットに向けてのテストも可能になってきたが、実際に走り込むのとそうでないのとでは大きな差が開く。イギリスGPにおけるデビッドソンのリタイアは、まさかテスト不足が直接の原因ではなかろうが、少なからず影響があったと見た方が良いだろう。鈴木も、「レース前にここシルバーストンでテストを出来なかったのが響いた」と、振り返っている。

それから後のスーパーアグリF1チームは、戦闘力的にはひたすら下降線をたどって行った。ヨーロッパGPでは佐藤琢磨はリタイア、デビッドソンは十二位、ハンガリーGPでは佐藤は十五位、デビッドソンはリタイア。トルコGPでは二台そろって完走したが、最後尾に近かった。イタリアGP、ベルギーGPも二人そろって完走、日本GPは大雨にたたられたが佐藤は完走、デビッドソンはリタイア。続く中国GPも同様だった。しかし、完走といっても常に十四～十五位以下の順位における完走で、トップから周回遅れでレースを終えることが多かった。これがスーパーアグリの実力だといわれればそれまでだが、活動資金が豊富にあってクルマの開発が他チーム同様にある程度のスピードで出来たなら、もう少しライバルを困らせることが出来たのではないか、と考えると悔しかった。

テクニカルディレクターのマーク・プレストンは、シーズン終盤の状況を次のように分析した。

「ぎりぎりの予算でレースを戦うことには、やはり限界がある。次のレースが行われるサーキットに合った空力部品を投入しようと考えても、その部品を作りテストするだけの余裕がなかった。とにかくレースに出かけるだけで精一杯。しかし、ドライバーは文句ひとついわず走ってくれた。彼らのやる気はチーム全体を鼓舞したといえる」

中でも残念だったのは日本GPだ。レース自体が大雨にたたられて混乱したが、スーパーアグリのレースも例外ではなかった。佐藤は、「全く視界が利かなかった。誰かが水しぶきの中でブレーキを踏んで、それに追突してノーズを壊した。幸運にもあまり酷くなく、レースを続けられて十五位でゴールできたが、こんなレースこそ上位を狙うチャンスだったのに」と、厳しいレースを振り返った。ホームレースを完走できて嬉しかったが、「もっと観客の人に楽しんでもらいたかった」と語ったように、ホームレース日本ＧＰとしてはフラストレーションが溜まるレースだったようだ。

鈴木亜久里は日本ＧＰに際しては、挑戦一年目から同じコメントを口にしている。

「我々にとって日本ＧＰはすべて。十七戦のひとつじゃなくて、他の十六戦を合わせたものと日本ＧＰひとつが同じ価値だと言ってもいい。日本ＧＰがあるからチームを走らせる価値がある」

挑戦二年目の二〇〇七年には日本ＧＰ開催地が鈴鹿サーキットから富士スピードウェイに替わったが、スーパーアグリＦ１にとってモチベーションに変わりはなかった。スタンドを埋める数多くのファンの前で、渾身の力を振り絞って戦う姿を見てほしかった。その日本ＧＰの鬱憤を晴らすように、スーパーアグリＦ１は最終戦ブラジルＧＰで健闘し、佐藤が十二位、デビッドソンが十四位で二台揃って完走した。これでスーパーアグリＦ１の二〇〇七年シーズンが終了した。コンストラクターズ選手権では四点獲得して九位、ドライバーズ選手権では佐藤が四点獲得し十七位につけた。

ある機関が行ったチームの信頼性に関する調査では、スーパーアグリＦ１チームはこの年、非常に高い完走率を見せたことが分かった。レーススタートは二人で三十四レース、そのうちゴールしたレースは二十六レースに及んだ。これは完走率七六・四七％を誇るもので、全十一チームのうちでも上位につける数字だった。ただ、入賞はたった二回（スペイン、カナダ）で、入賞率は五・八八％だった。

この調査結果に見るように、資金難のためにシーズン半ばからクルマの開発がすっかり止まってしまったが、もし開発が続行されていたら、スーパーアグリF1チームの二〇〇七年用マシンはかなり高い戦闘力と信頼性を誇っていたのではないかといわれている。二〇〇七年にスーパーアグリF1チームが走らせたクルマは、二〇〇六年にチームが使ったアロウズの改良マシンSA06と比較すると、基本性能が圧倒的に高いクルマだったからだ。二〇〇六年のSA06は、ご存じのように四年前のグランプリカーで、いかに丁寧な改良とアップデートを施したとはいえ、洗練された技術の盛り込まれた現代のF1マシンと比べると、敵にはなり得なかった。しかし、二〇〇七年のクルマは違った。

ホンダによる支援

二〇〇七年のクルマはSA07と呼ばれた。そのクルマのベースとなったのはホンダが二〇〇六年に使用したRA106だった。本来ならカスタマーカー問題で、過去二年以内にどこかのチームが開発したクルマをそのまま使用するか、あるいは設計図を入手してそれを元に作り上げたクルマの使用は禁止されていたが、ホンダはRA106の知的所有権を別会社に移して、この問題を解決していた。

実は、スーパーアグリはF1挑戦初年度も、ホンダRA106のモディファイ版で戦うはずだった。スーパーアグリ同様に二〇〇六年に産声を上げたトロロッソが親チームともいえるレッドブルのモデルを改良して使用するように、スーパーアグリも二〇〇六年のホンダRA106を独自に改良したカスタマーカーを投入する方法を模索した。もちろん、ホンダも了承の上である。ところがこの目論見はうまくいかなかった。F1グランプリの規範や約束事が網羅されたコンコルド協定で規定されているカスタマーカー使用禁止事項に抵触する恐れがあり、それを推し進めるとホンダはFIAに対して不利な立場に立つ可能性があったからだ。当時、ホンダはGPMA（グランプリ製造者協会。F1に参加する自動車メーカーを中心にした団体）のメンバーとしてFIAと対立していた。ホンダがRA106をスーパーアグリに提供していたら、FIAはホンダに対して何らかの措置を執っていたかもしれない。ホンダがそのことを恐れていなかったといえば嘘になる。他のひとつの理由は、ホンダ・レーシングF1チーム（HRF1）の中に、スーパーアグリへのマシン提供に反対する声があったから、と言われる。後者に関して鈴木亜久里は、当然だろうと言う。

「本田技研工業はスーパーアグリを支援してくれるが、イギリスにあるホンダF1チームはうちとライバル関係にある。彼らがクルマを出したくなかった理由はよく分かる」

と。

コンコルド協定に謳われるカスタマーカー使用禁止規定には、かなりグレーな領域がある。現実的にはホンダRA106のモディファイ版の使用は可能だったかも知れない。しかし、二〇〇六年にはホンダはRA106を提供せず、スーパーアグリは四年前のアロウズA23を購入して改良し、参戦せざるを得なかった。四年前のクルマなら、コンコルド協定のカスタマーカー規定には全く触れることはなかった。

鈴木はそこまでしてでもF1グランプリに打って出たかった。それは胸に秘めてきた夢だった。そのことを知ったホンダが、様々な面からスーパーアグリを支援したのは、ホンダにもスーパーアグリにもモータースポーツに対する熱い思いがあったからだ。そのホンダは二〇〇七年もスーパーアグリを支援したが、前の年と比べると方法に変化が見られた。それはF1グランプリ挑戦二年目を迎えるスーパーアグリに、早期の経済的自立を促すために、金銭的支援を減らす方向でことを進めたことだ。ホンダは、とにかくスーパーアグリに独自のスポンサー獲得と、自立を望んだのだ。

しかし、技術面においては、F1はプライベートチームが簡単に対処できる世界ではないことをホンダは知っていた。ゆえに、技術に関しては全力を傾けてスーパーアグリを支援した。スーパーアグリF1チームが走らせるSA07のベースに、ホンダが二〇〇六年に走らせたRA106を提供したことがそれを証明していた。これは、一年前にホンダが踏み込めなかった領域である。

しかし、知的所有権の問題はやはり微妙だった。ホンダはRA106をスーパーアグリに渡してそのまま走らせることには不安があった。コンコルド協定に抵触し、カスタマーカー規定に違反する可能性がどうしても完全には払拭できなかったからだ。そこでホンダはRA106の所有を別会社に移すと同時に、モノコックを作り直すことから始めたのだ。その仕事は、ブラックリーのHRF1の工場で行われた。そのためにHRF1の中に、スーパーアグリのためだけに働くスタッフを集めた。そうすることで、HRF1にかかる負担を可能な限り減らそうとした。HRF1からスーパーアグリへの風当たりを少しでも減らす意味もあった。

SA07は、モノコックやサスペンションなどの主要な部分はホンダRA106のそれを改良し、そこにスーパーアグリが独自に開発した空力パーツなどを取り付けた。エンジンとギヤボックスはホンダの二〇〇七年型ホンダRA107と全く同じものを使用した。エンジンの型式名称はRA807Eである。

スーパーアグリF1チームは、二〇〇六年十一月末にバルセロナでテストを行った。そのときに使用したクルマがホンダRA106を二〇〇七年用に手直ししたクルマだった。いわばハイブリッドカーだ。このテストの状況から、「スーパーアグリは二〇〇七年はホンダRA106を使用するつもりだ」という憶測をたてられた。その憶測は結果的には当たっていたのだが、そのときにはスーパーアグリもホンダも詳細については発表を控えていた。その後のテストにも積極的に参加した。二〇〇七年に入ってからはヘレス、バレンシアでもテストに参加した。テストにおける走行距離は、二〇〇六年シーズンの選手権下位3チームの中で最も長い。テストは新しいSA07に採用する可動パーツ、つまりブレーキ、ブレーキキャリパー、ダンパーといった足回りのパーツ類からギヤボックス、エンジンと、ありとあらゆる部品に対して行われた。二〇〇七年はワンメイクになるブリヂストンタイヤのテストにも余念がなかった。

テストのほとんどすべてに参加したドライバーのアンソニー・デビッドソンは、「パーツの擦り合わせ、耐久テスト、電気系のコントロールなど、ほとんどすべての領域でテストを繰り返した」という。デビッドソンは二〇〇六年十一月末のバルセロナテストの前、早々に〇七年のドライバーとして佐藤琢磨とコンビを組むことが発表されていた。

ばんせい証券とSSユナイテッド

スーパーアグリF1チームが青息吐息で戦った二〇〇七年シーズンだが、開幕前にはこのようにチームの前途は洋々としているかのように見えていた。それには理由があった。この理由は、結局スーパーアグリF1チームを苦境に陥れることにもなるのだが、スタート地点ではまさか結末まで見通せることはなく、鈴木亜久里は希望に溢れて二年目のシーズンを迎えたのだ。

話は、スーパーアグリF1チームがスポンサーを探して東奔西走している二〇〇七年一月、ある人物から持ち込まれた。その人物とは、ばんせい証券という百年の歴史を誇る証券会社の実質ナンバー3の地位にいた取締役投資銀行本部長・海生《かいおう》裕明。この海生が鈴木亜久里を訪ねてきて、こう切り出した。

「SSユナイテッド・オイル&ガスという石油の卸しや仲介をやっている会社が、亜久里さんのF1プロジェクトに興味を抱き、支援したいと申し出ている。単なるスポンサーという存在ではなく、SSユナイテッドとあなたの会社とで合弁会社を作ってビジネスを発展させたいそうだ」

鈴木はこの話を聞いたとき、ばんせい証券もSSユナイテッドという名前の会社もそれまで聞いたことはなかったが、調べてみるとばんせい証券は百年の歴史を誇る証券会社で、そこのナンバー3である海生が持ち込んできた話だったこともあり、すっかり信じ込んでしまった。

SSユナイテッドとスーパーアグリF1チームとの話は、ばんせい証券の海生を介して進んだ。この両者の契約を前に、ばんせい証券は鈴木亜久里と財務アドバイザリー契約を結んでいる。鈴木にばんせい証券を疑う理由はなかった。

この話が始まったのが二〇〇七年一月だったが、それからしばらくしてもSSユナイテッドがスーパーアグリに対して合弁会社を興そうという話を投げかけてくる気配はなかった。そうこうしているうちに三月に入り、二〇〇七年F1シーズンは開幕戦を迎え、F1サーカスはオーストラリア・メルボルンに集った。鈴木はフラストレーションが溜まっていた。だが、メルボルンでスーパーアグリF1チームは不本意な発表を行わなければならなかった。チームのスポンサーにSSユナイテッドがついたという発表だ。まだ一銭も保証されていないのに、ＳＡ07のボディにはＳＳユナイテッドのロゴが描かれ、報道陣に披露された。報道陣はその発表会にやってきたＳＳユナイテッドの幹部を取り囲んで質問を浴びせかけたが、当を得ない答えが返ってくるばかりだった。注目されたのはスポンサーシップの内容より、ＳＳユナイテッドの代表といわれる斎藤剛寿の身なりだった。二十年前に六本木を闊歩したホストのように白いスーツにエナメルの靴。報道陣の間からも、スーパーアグリは大丈夫なのかという囁きが聞かれた。

鈴木亜久里はそれから何ヶ月も待ち続けた。しかし、ＳＳユナイテッドからは何の音沙汰もなかった。ばんせい証券に質すと、海生は、「大丈夫。必ずＳＳユナイテッドからお金を引き出します」と言うだけだった。海生の上司である村上豊彦副社長も、「大丈夫です。海生を信じてやってください」と繰り返した。だが、本当は大丈夫どころではなかったのだ。

シーズンが開幕してしばらくすると、野村エステートファイナンスから十五億円がスーパーアグリＦ１チームに振り込まれた。ＳＳユナイテッドから資金が投入されるまでのつなぎ融資ということだった。しかし、ばんせい証券は銀行業ではないので融資ができず、関連会社の野村エステートファイナンスからの振り込みだった。鈴木は、何か不穏なものを感じ、「得体の知れないお金はいらない。ＳＳユナイテッドから正式に通知をいただきたい」と伝えたが、ばんせい証券はＳＳユナイテッドから資金が入るまでつなぎとして借りておいてほしいと言った。

スーパーアグリF1チームにとれば、この十五億円は大きな助けになったことも事実だ。このお金がなければ実際にチームは立ち行かなかったかもしれない。だが、鈴木にとれば今ひとつすっきりしないお金だった。鈴木はばんせい証券からのつなぎの資金より、SSユナイテッドからの正式な資金と将来のビジネスの確約が欲しかったのだ。両者はばんせい証券を間に介してビジネスをすることになっていた。だが、いくら待ってもばんせい証券からSSユナイテッドの資金が入ったという連絡はなかった。その後、四月には野村エステートファイナンスからばんせい証券に債権が移された。

鈴木は毎日のようにばんせい証券の海生に連絡をとったが、返事はいつも同じだった。もう少し待ってくれ、SSユナイテッドは必ず資金を用意すると言っている、というものだった。そういう状況がしばらく続いた。F1グランプリシーズンはすでに中盤戦に入ろうとしていた。スーパーアグリF1チームは苦境にありながら、五月のスペインGPで八位に入賞、六月になるとカナダGPでなんと六位に入る活躍を見せていた。鈴木はF1レースの現場で素晴らしい成績に笑顔を見せてはいたが、気持ちは常にチームの財政状況におよび、一人になると考え込むことが多かった。

しびれを切らした鈴木がばんせい証券に詳細を質すと、思いもかけない返事が返ってきた。海生は会社を辞めたので詳細はわからない。ただ、貴社に融資している資金はそのうち返済してもらわなければいけない、というものだった。ばんせい証券がスーパーアグリF1チームに融資した十五億円は、そもそもSSユナイテッドがスーパーアグリ

Ｆ１チームに投資する資金の一部であって、返却する理由など全くなかった。話を聞くと、海生はスーパーアグリへの融資話のほかにも、ＳＳユナイテッドと手を組んで不動産投資にも手を染めていたらしい。つまり、ばんせい証券も被害者という立場だった。だが、十五億円の資金は、ばんせい証券が用意したものだし、ＳＳユナイテッドから資金が出ることは村上副社長も保証したわけで、鈴木は被害者であっても返却する理由はひとつもない。

この十五億円に関しては、スーパーアグリＦ１チームの日本の窓口であるエー・カンパニーと、鈴木個人、さらにはエー・カンパニー代表の秋田史が二〇〇八年になってから返却を求めるばんせい証券から裁判に訴えられることになり、本書執筆の二〇〇八年七月の時点で裁判が始まったばかりだ。

結局、二〇〇七年開幕戦オーストラリアＧＰの初日に行われたＳＳユナイテッドのスーパーアグリＦ１チームへの支援に関する発表は、完全な猿芝居だった。発表の席でＳＳユナイテッド側の役員として出席して英語でスピーチした白人男性は、実は前日ＳＳユナイテッド側の人物がメルボルン市内で見つけてきたどこの馬の骨とも分からない男だった。ＳＳユナイテッドがなぜそうまでしてスーパーアグリＦ１チームへの支援発表を行いたかったのか、いまとなっては誰も知る術がない。ただ、確かなことは、ＳＳユナイテッドという会社は香港にベースを置く会社として、確かに登記はあったということだ。その会社の代表はメルボルンの発表会場にいた斎藤剛寿であり、その斎藤には現在連絡をとりたくても連絡がつかない。ましてや、SSユナイテッドという会社は実際には機能していない。鈴木亜久里は詐欺に引っかかったのだ。

こうして二〇〇七年六月まで話を引っ張られながらも、スーパーアグリF1チームはF1活動を継続、六月のカナダGPで六位に入った。しかし、その後のイギリスGPあたりから活動資金は底をつき始め、やりくりが難しくなってきた。そのため、クルマの開発もままならなくなり、SSユナイテッドからの資金調達が不可能と分かってからは、シーズン終盤に向けて戦闘力は著しく低下の一途を辿った。

実質的にクルマの開発は不可能だったわけで、そちらに回す資金はそれほど多くなかったが、工場で働くスタッフたちの人件費、F1グランプリへ出かける旅費などがチームの財政を圧迫した。ホンダからの支援をはじめ、FOMから振り込まれるテレビ放映権料、銀行の貯蓄の利子、それに鈴木の個人資金など可能な限りの資金をチーム運営に投入したが、新たな支援者が出てこない限り、スーパーアグリF1チームの将来は非常に心細いものになってきた。もし、独自にクルマの開発を行っていたら、二〇〇七年中盤までさえチームは持たなかっただろう。

そんなスーパーアグリF1チームに一筋の光明が見えたのは、九月のイタリアGPの週末だった。イギリスのマグマ・グループという自動車産業関連のコンサルタント会社が、ドバイ・インターナショナル・キャピタル（ＤＩＣ）の代理人として鈴木亜久里にコンタクトをとってきた。同グループの代表はかつてヨーロッパ・フォードの社長まで務めたマーチン・リーチという信頼の置ける人物で、かつてマツダの経営立て直しにフォードから送り込まれたこともある人物だった。

スーパーアグリＦ１チームが二〇〇八年も活動できるかどうかは、このマグマ・グループとの交渉結果にかかっていた。

「良い手応えがある」

久しぶりに鈴木亜久里に明るい表情が見えた。

CHAPTER 9

挫折

マグマ・グループとD-C

九月初旬のイタリアは、秋の気配が濃厚で、昼間は頬を汗が伝うが、夜になるとセーターが必要だった。モンザ・サーキットは鬱蒼と樹木が生い茂る広大な国立公園の中にあり、長い歴史の中で様々なドラマが生まれてきた。二〇〇七年のイタリアGP。ここでも一つのドラマが生まれようとしていた。それが実現していれば、おそらく日本のモータースポーツのスタイルは大きく変わっていたのではないか、と思われるほどの出来事だった。

二〇〇七年のイタリアGPの週末、鈴木亜久里は滞在していたサーキット近くのホテルで、一人の紳士に会った。マーチン・リーチというその紳士は鈴木に対する自己紹介で、自分はマグマ・グループという自動車産業関連のコンサルタント会社を経営している、と説明した。リーチはかつてフォード自動車で優秀なビジネスマンとして働き、マツダ再建に送り込まれたこともある。マツダからフォードに帰ってからはヨーロッパ・フォード（本社ドイツ・ケルン）の社長として辣腕《らつわん》をふるった。その後、マセラーティの経営を経て独立、マグマ・グループを設立した。同グループは、世界各国の自動車メーカーにたいして経営、技術などのコンサルティングを行う。最も大きなバックボーンはロシアのトラックメーカーである。このマグマ・グループが、中東ドバイに本社を置く政府系投資会社ドバイ・インターナショナル・キャピタル（ＤＩＣ）の意向を受けてスーパーアグリＦ１チームの買収に乗り出してきたのだ。

マグマ・グループのマーチン・リーチはフォード時代にＨＲＦ１のニック・フライ代表と職場を同じくしており、フライの紹介でスーパーアグリがスポンサーを探していることを知り、いっそのことチームを売却しないかと持ちかけてきたのだ。鈴木亜久里はそれまでの二年間、チームの資金繰りに苦しい時間を費やしてきており、すっかり疲れ切っていた。特に二〇〇七年はＳＳユナイテッドの契約不履行で活動資金が全く入らず、リーチからアプローチがあったのは二〇〇八年以降の活動計画の見直しを迫られている時だった。

鈴木は、スーパーアグリＦ１チームの活動に難色を示していたＨＲＦ１の代表からの紹介という点が気に入らなかった。フライはチームを売却させてどうしようと考えているのだろう、と勘ぐった。しかし、初めて会うリーチは非常にまじめな紳士で、真剣にビジネスに取り組んでいる点に好感が持てた。そのリーチとの話し合いは予想外に順調に進んだ。なぜＤＩＣがＦ１チームを所有したいのか、リーチの説明だけでは分からない点が多かったが、いずれにせよＤＩＣはＦ１チームを買収しようとしていることは事実で、その話を断る理由はなかった。

実は、マグマ・グループの話がきたとき、スーパーアグリＦ１チームはほかにもいくつかの投資家、企業からアプローチを受けていた。ロシアの企業、アラブの王室、そしてメディアを賑わしたスペインのアレハンドロ・アギャグからの買収の話もあった。しかし、これらはいずれも条件が悪く、本格的な話に入ることはなかった。どうしてこうもいい加減な人間が多いのか、鈴木は頭を抱えた。そんな中でマグマ・グループは信頼が置けそうだった。彼らのバックにいるＤＩＣという投資会社の意図は知るよしもなかったが、鈴木はマグマ・グループとの交渉を信じ、リーチと話を詰めていくことにした。

マグマ・グループが本気だということが伝わってきたのは、スーパーアグリＦ１チームとの話し合いと並行して彼らがホンダと交渉を持ったからだ。彼らは、スーパーアグリからチームを買収した後、ホンダとどのように付き合って行くべきかを考えていたのだ。ホンダが賛同してくれなければ、チームを買い取ってもその後の活動は不可能になる。そのとき、マグマ・グループと交渉したホンダの大村英一は、当時を振り返ってこう言う。

「マグマ・グループのリーチから、チームを買い取った後はホンダはどういうふうに絡《から》んでくれるのか質問がありました。エンジン、シャシー、その他の技術供与に関して、かなり細かく聞いてきました。真剣にチームを運営していこうという気持ちは伝わってきました」

だが、そうした詳細を詰める前に次のことをやってほしい、と大村はリーチに言った。

「スーパーアグリＦ１チームを買い取るなら、一切合切すべてを買い取ってください、とお願いしました。チームには負債がかなり残っている。ホンダへの負債をはじめ、その他の負債もあります。それを全部引き受けてくれないと、その後の話し合いには応じられません、と言ったのです」

二〇〇七年末の時点でスーパーアグリF1チームが抱えていた負債は百億円を超えていた。これは新チームをスタートさせるには、大きな負担となる負の材料だった。しかし、マグマ・グループはその負債を含めてすべて買い取ります、と返事をしてきた。そのことを考えても、マグマ・グループのバックにいるDICという投資会社は、かなり本気でF1チームを所有しようと考えていることがわかった。ただ、分からなかったのは、なぜ投資会社がF1チームを買収しようとしたのか、という理由だった。勘ぐるに、石油とお金以外に語られることのない中東において、アラブ首長国連邦は他国に一歩抜きん出るために、世界レベルのスポーツやビジネスに手を出して認知度を上げようとしているのではないか、と考えられた。それが証拠に、スーパーアグリF1チーム買収の数ヶ月前、サッカーのイギリス・プレミアリーグのリバプールFCの買収にも乗り出していた。結局、こちらの話は途中で立ち消えになったようだが、いずれにしろDICは投資先を世界のマーケットに向け、その中でもニュース性の高いところに焦点を当てていることは確かだった。

鈴木亜久里にとれば、チームを手放すのは断腸の思いだったが、三年目の二〇〇八年に向けてもスポンサーを獲得できる可能性はゼロに等しく、チームの買収を欲するところがあれば売ることは厭《いと》わないと考えるようになっていた。二〇〇八年に向けてスーパーアグリF1チームがスポンサーやパートナーを見つけ難い状況に追いやられたのは、ひとつにはニ〇〇七年のばんせい証券との約束だったと言える。ばんせい証券はスーパーアグリに対して資金の調達、活用に関して一切合切を任せてくれと、独占的な契約を結ばせていたからだ。だから、スーパーアグリは独自にスポンサー獲得活動に動けなかったという理由があった。

その約束がなくても、スーパーアグリは苦しい二〇〇八年を送ったに違いない。だが、これほど早くチームを手放すことになることもなかったはずだ。しかし、躓《つまず》きのすべては二〇〇七年のスタートから始まっていたのだ。

DICの意向を受けてスーパーアグリF1チームの買収に取りかかったマグマ・グループは、鈴木亜久里との話し合いが合意に至った後、今度はホンダとの直接的な話し合いを求めてきた。前述したように、F1チームを運営するにはまずその道具であるクルマが必要で、その開発、整備などが追いかけてくる。マグマ・グループがホンダにどれほどの支援をしてもらえるのか質すのは当然といえば当然だった。その意気込みに、ホンダも理解を示した。スーパーアグリF1チームをそっくり買収することが決定しているのなら、ホンダは何も反対する理由は見つからなかったからだ。

ホンダの動き

ホンダの大村は、マグマ・グループのマーチン・リーチはなかなか手強い交渉相手だったと振り返る。

「交渉は二〇〇八年シーズンが始まってからも続きました。最初はホンダにとってなかなか厳しい条件を提示してきたのですが、こちらとしても譲れない点がある。そもそもホンダは第二チームを持つつもりはなかったわけで、亜久里さんのやる気に支援をしたわけですから。しかし、マグマ・グループは非常に真剣に交渉を重ねてきまして、ホンダとしても支援をしても大丈夫だと納得することが出来たんです。条件も、歩み寄りで両者とも満足のいくものになりました」

ホンダとマグマ・グループとの交渉では、鈴木亜久里がチームに残るという条件が入れられた。これはスーパーアグリF1チームとマグマ・グループの間で交わされたチーム譲渡契約の中にも入っている。マグマ・グループに売却した後はチーム代表というわけにはいかないが、コンサルタントかアドバイザーという形で残るはずだった。エー・カンパニーの秋田は、「チーママという形じゃないの」と、冗談でかわしていた。

鈴木が残ることで、ホンダはスーパーアグリF1チームの時と何ら変わることのない支援をマグマ・グループのチームに約束した。しかし、その条件が整うまでには、一ヶ月ほどの時間が必要とされた。

「我々とマグマ・グループはテレビ会議などで頻繁に打ち合わせをしたのですが、日本とヨーロッパの時差の関係で、どちらかが夜になるとどちらかが朝になるといった具合で、結局ヨーロッパの一日が終わるまで眠ることが出来ないという状況が続きました。もてぎでインディ・ジャパンのレースがあったときなど、昼間はインディの仕事をして、夜はホテルに帰ってインターネットを繋げて朝までという感じでした。翌日はまたインディの仕事でサーキットです。でも、この話は絶対にまとまるという確信がありましたから、何とも思わなかったですね」と、大村は述懐する。

「第三戦バーレーンGPに私はモータースポーツ担当の大島常務と出かけて、マグマ・グループと話し合いを持ち、条件が揃ったので行けるという確信を得ていました。食事の時、二人で祝杯を挙げたくらいですから。それから帰国して、契約書作りに不眠不休が続いたんです」

マグマ・グループがスーパーアグリF1チームを買収することが決まりホンダの支援が決定したことに、HRF1の中には反対する人もいた。自分たちの仕事が忙しくなるだの、栃木研究所の技術支援が二分されるだの、カスタマーカーを手がけると本チームの集中力が削がれるので何とかしてくれだのと、いろいろ注文を付ける者がいたのだ。

しかし、大村は突っぱねた。

「会社がやると決めたのだから文句を言うなと言いました。人が必要なら雇え、金が必要なら持ってくる、と。会社が決めたことは文句を言っても変わらないから、その中で出来るようにするのが仕事だ、と」

こうして、ホンダとマグマ・グループの話し合いもまとまり、大村はスペインGPへ出かける。その前夜にマグマ・グループとの間でなされた合意のもと、大村が日本を発つ日には契約書ができあがってくるはずだった。

「契約書ができあがってきたら、大島さん、サインしてファックスで送り返してください。それですべて完了です」

大村はそう大島に言い残して機上の人になった。機内では久しぶりにたっぷりと睡眠を取り、スペインGPでは鈴木亜久里とゆっくり話し合うつもりだった。スペインにはフランス・パリ経由で行くことになっており、大村はパリに着くと早速日本に電話して成り行きを尋ねた。電話口に出た人間が大村にこう言った。

「マグマ・グループとの話し合いは、白紙撤回になりました」

それを聞いて、大村は倒れそうになりながら、叫んでいた。

「えええ――っ！」

理由は全く伝えられなかった。マグマ・グループから一通のメールが来たのだという。それには、「今回の契約の話はなかったことにしてください」と、書かれてあるだけだった。

大島は東京で、大村はパリで、鈴木亜久里はスペイン・バルセロナでこの通達を聞き、三人が三人とも信じられないという表情をして、数分後には頭を抱えてしまった。それでも、スペインGPにはスーパーアグリF1チームは出走する手はずを整えて、ホンダの助言を待った。ホンダはこれ以上スーパーアグリF1チームを走らせることに難色を示すのではないか、と鈴木は考えたのだ。だが、すでに準備が整っているスペインGPを欠場することは難しく、そのレースには予定通り出走することになった。

スペインに入った大村はすぐに鈴木と会って、善後策を練った。ほとんどどうすることも出来なかったが、鈴木はまだ次のチャンスを探すつもりであることを知ると、この男はどこまで勇敢なんだと感心した。しかしその反面、これ以上スーパーアグリF1チームは続かないだろう、という予感もあった。それは、二〇〇八年に入ってからの資金難は以前にも増して深刻になっていたからだ。だから、ホンダ側としては鈴木亜久里にこれ以上金銭的負担をかけたくない気持ちもあった。

「だって、二〇〇八年に入ってからは、レースの週末には必ず亜久里さんに、エンジンかけていいですか、って聞いてからエンジンをかけていたんですから。エンジンをかけるともうそのエンジンは中古品になるから、一基三千五百万円の請求が発生するんです。それで、毎回毎回負債がふくらんでいくわけです」

こうしてふくらんだホンダへの負債は、二〇〇六年にF1参戦を始めてから二〇〇八年のスペインGPまでに、莫大なものになった。だが、ホンダはスーパーアグリF1チームが活動を続ける限りサポートするつもりだった。

「チームが回っている限り、ホンダはサポートすると約束をしていました。だからサポートは続ける予定でした。サポート代は返ってこなくても良いですよ。うちがエンジンは出しませんと言った途端にチームは潰れるわけですから。ホンダとしては、それはしたくなかった」

マグマ・グループは契約締結に至らなかった理由を、誰にも説明しなかった。考えられるのはDICの方針が変わったのだろう、ということだけだった。変わった理由として考えられるのは、二〇一〇年からカスタマーカーの使用が禁止になる新しいルールの施行だ。これは、コンコルド協定に定められている取り決めだが、そのコンコルド協定はまだ確定していないためにカスタマーカーのルールも最終的なものとは言えないが、二〇一〇年からすべてのチームが独自にクルマを開発しなければならないことになると、自動車メーカーが直接関与しない独立系チームは、大変な負担を背負うことになる。この負担というのは技術的な力不足ということで、とても勝てる性能を持ったクルマの開発は出来ないということだ。DICはそのことを危惧した、という話がまことしやかに流れている。だが、一介の投資会社がそこまでF1に関する知識を持っていたかどうか、懐疑的ではある。

ホンダの大村は、DICは単にF1が投資に値しないと判断したのではないか、と考えている。ドバイを金融と石油以外の世界で売り込むために、スポーツや芸術に資金をつぎ込もうと考えたが、そこで必要とされる額が予想を上回って大きすぎたとDICは気づいたのではないか、というのだ。イギリスのサッカーチーム買収の話も、締結寸前でご破算になっている。DICには前科があったのだ。しかし、投資会社がビジネスに見合わない投資をすることは、顧客を裏切ることになるからそれは出来ない。そのことは理解できる。ただ、なぜもっと早く結論を出してもらえなかったか。最初に話をしたのが二〇〇七年九月。それから何度も話し合いを持っていたにもかかわらず、七ヶ月も引っ張り、契約書にサインひとつすれば契約がまとまるというところでサインしないというやり方は、どうしても解せなかった。

これは、マグマ・グループも同様に考えているのではないか。彼らは、何ヶ月もかけて厳しい条件をクリアする契約を取り付け、いざF1チームを発進させようとしたところで、資金を提供する同僚に裏切られたという思いが強いはずだ。彼らはこのビジネスのために時給十万円以上の弁護士を十五〜十六人も雇い、何週間にもわたって準備をしてきた。おそらく億単位の額のお金がかかったはずで、それを彼らが黙っているはずはない。DICとの間で裁判になるのではないかという噂が出て当然だ。マグマ・グループも被害者といっていいだろう。

万事休す

スペインＧＰで鈴木亜久里はマグマ・グループがチーム買収から手を引いたことを聞いても、まだ残っている可能性に懸けてスポンサーとの交渉の席に着いた。スペインのサーキットのパドックに並べられたモーターホームのベランダで、鈴木はドイツの自動車パーツメーカーであるバイグル社の代表と、チーム売却の話を進めたのだ。バイグルは、マグマ・グループがアプローチしてきた二〇〇七年九月から一ヶ月ほど後にコンタクトをとってきた。彼らもスーパーアグリＦ１チームの買収を希望していたが、マグマ・グループのように巨額のお金は動かせず、チームの株式の一部を買い取りたいという話だった。鈴木は可能性があればそれを否定することはないと考え、バイグルとも慎重に話を進めたが、結局時間切れで交渉は実らなかった。時間切れとは、スーパーアグリＦ１チームが活動経費を必要とするまでに、バイグルがそれを用意することが不可能とわかったのだ。

ホンダは鈴木と違って、マグマ・グループとの話が実らない場合には、スーパーアグリＦ１チームの存続は厳しいのではないか、という見方をしていた。ホンダ側で粉骨砕身の努力をした大村英一は、スーパーアグリＦ１チームの存続を最も願っていた一人だが、ここにきて延命は無理かもしれないと考えるようになった。残念だが、スペインＧ

Ｐが最後のチャンスだったのかも知れない。
これで、スーパーアグリＦ１チームは万事休した。

二〇〇八年Ｆ１シリーズ第五戦トルコＧＰの始まる週の初め、スーパーアグリＦ１チームのトランスポーターはサーキットに到着していたにもかかわらず、パドックへ入れてもらえなかった。その決定をしたのはＦＯＭ代表のバーニー・エクレストン。彼は、スーパーアグリＦ１チームの窮状を知り、レースに出走できない可能性のあるチームをパドックに入れるわけにはいかない、と判断を下した。場内で設備を整えた後で結局不出場になって引き上げるようなことになれば、混乱を来《きた》すことは目に見えている、というのだ。エクレストンからの通達をスーパーアグリのスタッフに伝えたＨＲＦ１のニック・フライは、彼がスーパーアグリのトランスポーターのパドック入場を阻止したと勘違いしたメディアから責められた。フライがそういった立場に立たされた理由は、普段からスーパーアグリＦ１チームの存在を煙たく思っていることをメディアが知っていたからだ、といわれている。その彼がチーム存続のためにマグマ・グループを鈴木に紹介した経緯は理解しがたいが、真相は藪《やぶ》の中だ。あるいは気心の知れた昔の仲間とならー緒にやれると思ったのかも知れない。
それにしても、エクレストンの強権は計り知れない。加えて、その二枚舌にも驚くばかりだ。

スーパーアグリF1チームがF1グランプリに参入するときには、「私はスーパーアグリがF1に来てくれることを本当に喜んでいる。彼らのためなら手助けは何でもする」と、公言してはばからなかった。しかし、実際に彼がチームを助けたかといえば、鈴木亜久里は「何もしてくれなかった」と振り返る。そして、トルコGPのパドックへの入場を禁止した後、彼はこう言った。「最初から来るべきチームではなかった」と。弱い者いじめ以外のなにものでもない。F1は弱肉強食の世界とはいえ、あまりにもあからさまだ。

トルコGPへの参加を諦めた時点で、鈴木亜久里の中でF1グランプリへの挑戦が終わった。スペインGP以降、何とかしてチームが蘇る道を模索したが、結局その道を見つけることは出来なかった。社員が帰ってしまったエー・カンパニーの事務所で、鈴木は秋田史と共に涙を流した。鈴木が一番気がかりだったのは、スーパーアグリF1チームで働いてくれた従業員のことだった。イギリス・リーフィールドの工場には、いまも七十人を超す人たちが働いていた。彼らは全員、鈴木のやる気に惹かれて集まった人たちだった。鈴木の夢は彼らの夢だった。その彼らの夢を途中で砕いてしまうことに、たまらないやるせなさを感じた。しかし、このまま活動を続けることは、もはや不可能だった。鈴木はイギリスの工場に行って、全従業員を前にチーム閉鎖の報告をするときのことを考えると、いたたまれない気持ちになった。

しかし、活動休止を決めたいま、その発表をしなければならない。

五月の連休最後の日の六日、鈴木亜久里は東京・表参道にある会場で多くの報道陣を前にして、スーパーアグリF1チーム活動休止の報告をした。たった一人の報告会だった。そういえば、二年半前の十一月にF1チームを立ち上げる発表を行ったときも一人だった。報告の途中、こみ上げてくるものがあったが、唇を噛んでそれを封じた。

こうして、鈴木亜久里は二年半に及ぶF1グランプリ挑戦という夢の扉を閉じた。

活動休止を発表したあとは、山積した問題を片付けなくてはならない。エントリーの取り下げ、従業員への報告、工場の明け渡し、従業員の再就職の斡旋《あっせん》、負債の処理、支援者への報告など数えればきりがない。

「残念だね。小さなチームだったけど、本当によくまとまってみんなが一つになって働いてくれた。チームを興した時点から、すべてを開示してやってきたので、チームがどういう状態だったかは全員が認識しながら働いた。それが、チーム閉鎖に至ってもみんなに理解された理由だと思う。正直にやってきてよかった」

そして、ホンダに対する思いも次のように語った。

「ホンダが手を引いたからうちが潰れたと言う人がいるが、それは全くの見当違い。その誤解だけは取り除いておきたい。ホンダは本当に最後までよく支援してくれた。感謝してもしきれない。ホンダの支援がなければ、とてもF1チームなんかおこせなかった。

それにしても、やった意義はあったと思っている。少なくとも俺の人生の中ではね」

おわりに

　鈴木亜久里がスーパーアグリF1チームの活動を休止してから三ヶ月が過ぎた。鈴木と秋田史は事後処理に追われている。世の中の移ろいは早いもので、F1グランプリの世界ではスーパーアグリF1チームの存在は早くも忘れ去られようとしている。去る者日々に疎《うと》し、という諺《ことわざ》が身にしみる。

　スーパーアグリF1チームがその姿を消したいま、私はその存在が訴えかけてきたものは何かを考えなくてはならないと思い始めた。たった二年半の参戦だったが、注目度はピカイチだった。日本を代表するモータースポーツ誌「オートスポーツ」で二〇〇七年に取り上げられた日本のF1関係の記事を調べると、スーパーアグリに関する割合が五〇%を超え、ホンダの三〇%、トヨタの二〇%を圧倒した。つまり、世のモータースポーツファンのなかでは圧倒的にスーパーアグリファンが多かったということの証明だ。これは、彼らが請われて世に出てきたと理解していいだろう。

　これだけの数値を出した理由の一つに、佐藤琢磨の存在を忘れるわけにはいかない。佐藤はその才能を過小評価され、ホンダから降ろされた。しかし、ドライバーとしての才能に加え、彼には若者の心をつかむ魅力があった。強烈な明るさと、その明るさに隠されたひたむきさ。泥臭いほどの一途な気持ち。そして汗を厭わない努力。鈴木亜久里は佐藤のそんなところに惹かれ、チーム設立と共に仲間に引き入れた。それがスーパーアグリF1チームの魅力の一つになった。鈴木は、何事も一人では限界があることを知っていた。仲間が集まれば集まるほど力が大きくなることも分かっていた。佐藤をドライバーに起用したのもそうした理由からだ。佐藤にはスーパーアグリF1チームを魅力的なチームにする力があったからだ。そして鈴木の目論見は見事に花開いた。加えて、二〇〇七年のスペインGPとカナダGPで佐藤はドライバーとしての力があるところも証明して見せた。鈴木と佐藤。日本人に最も多い名字のこの二人は、あと少しでモータースポーツの世界にユニークな足跡を残すところだった。

佐藤琢磨がホンダを降ろされた理由を、ホンダ関係者は二〇〇四年、〇五年の彼の不調のせいにする。チャンピオンタイトルを取りに行くチームにとれば、佐藤の実力では力不足と判断したという。その代わりに取ったのがフェラーリでの経験を買われたルーベンス・バリチェロだが、クルマが悪くては誰が乗っても成績が低迷するということは、最近のバリチェロが証明している。佐藤は、状況を読めなかったホンダの犠牲になったのかも知れない。しかし、鈴木にとれば渡りに船だった。鈴木はチームを興すに及んで、佐藤のようなドライバーの存在を探していた。まさに最高のタイミングで佐藤が鈴木の前に現れたといえるだろう。こうして誕生したスーパーアグリF1チームは、当然ながら多くのファンの気持ちを引きつけた。

ホンダにとれば、スーパーアグリが佐藤を引き受けてくれたことは、計算外の喜びだったかも知れない。佐藤を降ろしたことで浴びる非難をかわすことが出来たと同時に、スーパーアグリF1チームへの支援を行う理由に特典がついたのだ。

これで、ホンダのスーパーアグリ支援は強固になったが、クリアしなければならないのはカスタマーカー問題だった。二〇〇九年まではカスタマーカー使用が許されるとしながらも、そのルールがどんどん変わっていく過程において、ホンダは別会社を作って所有権を移してまで、スーパーアグリにクルマを提供することを実行に移したのだ。

ホンダの大村英一は、この問題をクリアしながら、将来は鈴木の夢とホンダの望みをどこかで一つにするために尽力した。スーパーアグリF1チームが予定通りに計画を進めるとして、ホンダは三年先までの計画を立てていた。それによると、三年後には四台同じワークスカーを走らせて、あとはチーム力とドライバーの腕で真っ向勝負をしようと、そこまで考えていたのだ。極端な話、それが勝てるマシンだったら四人のドライバーは誰でも勝つチャンスがある、と。

しかし、残念なことにその夢は叶わなかった。ホンダが十分な資金援助をしなかったからと言われたが、チームの運営はスーパーアグリF1チームが独自にやることであって、ホンダが口出しをすることではない。それでもホンダはスーパーアグリのクルマのリヤウイングにホンダのロゴを描いて走らせ、技術支援はもちろん十分に行った。日本人以外のスタッフには抵抗勢力もあったが、HRF1の中にスーパーアグリ専用の部署を設け、専任の技術者がクルマの開発に携わった。ホンダは出来る限りのことはしたのだ。

鈴木亜久里はそのことはよく理解していた。しかし、HRF1の中の抵抗勢力の存在は時に大きな障害になったようで、「東京のホンダ本社は支援してくれるが、HRF1の中には邪魔者扱いをする者もいる」と、常々語っていた。二〇〇七年は鈴木のチームの方が好調なときも多かったため、HRF1の一部の人間のねたみはスーパーアグリを直撃したようだ。

だが、スーパーアグリF1チームの破綻の原因は、やはり彼らの力不足にあったのではないかと思われる。チーム運営の甘さが露呈したとも言える。スポンサー獲得活動は日本のエー・カンパニーが行っていただけで、イギリスに本拠を置くスーパーアグリF1チームはほとんど機能しなかった。現地のスタッフがもう少し危機感を備え、全チーム一丸で運営に取り組んでいかなければならなかった。

その結果が、ばんせい証券の一人の社員に欺かれて、裁判にまで引き込まれた鈴木亜久里、秋田史、そして彼らの会社エー・カンパニーの現実である。ばんせい証券の海生裕明取締役投資銀行本部長（当時）が、実体のないSSユナイテッドの資金をちらつかせ、立場を利用して十五億円もの大金を貸し付け、その返却を求める裁判に持ち込まれたのだ。そもそもその十五億円は、SSユナイテッドがスーパーアグリF1チームに支払う約束をした契約金三千万ドルの一部であり、それを立て替えておくと言ったのは海生自身。スーパーアグリF1チームがその契約金支払いを求めて裁判に持ち込むことは出来ても、まさか被告人として訴えられる筋合いはどこにもないはずなのだ。二〇〇八年七月二日、東京地裁・民事第四一五法廷で初公判が行われ、第二回公判は来る九月十七日に開かれる。

イギリス・リーフィールドの工場は、チームの活動停止と共に機材等の運び出しが行われた。それらの多くはホンダが運び込んだ機材であり、スーパーアグリのものではなかった。残されたパーツ類などが八月に入って競売にかけられたが、負債をまかなう売り上げがあったとは、とても思えない。

Ｆ１グランプリ参戦には巨額の資金が必要だが、鈴木亜久里が始めたときが最も不利な時期だったといえるかも知れない。カスタマーカー問題に見るようにルールは日に日に変わり、エントリーのために五十億円を超える供託金が要求されたり、自動車メーカーの戦いで活動経費がうなぎ登りに上がった時期だった。その荒海に飛び込んでいった鈴木亜久里の冒険は、無残にも二年半で挫折を味わう結果になった。だが、鈴木はこの挫折から多くのことを学んだに違いない。人を信用することの大切さ。しかし、信用できない人のいる現実。絆《きずな》で結ばれた仲間。しかし、仲間と思った人間の裏切り。それはまるで作り物の世界のように思えるが、すべて現実の世界の出来事だった。

鈴木亜久里は夢を叶え、夢に破れた。夢は追いかけているときが夢で、追いついたら現実である。

本文庫は、『鈴木亜久里の冒険』〔山海堂〕（二〇〇七年九月刊）を改題し、大幅に加筆、修正をしたものです。

文春文庫

鈴木《すずき》亜久里《あぐり》の挫折《ざせつ》

Ｆ１チーム破綻《はたん》の真実《しんじつ》

定価はカバーに
表示してあります

2008年10月10日　第１刷

著　者　赤井《あかい》邦彦《くにひこ》

発行者　村上和宏

発行所　株式会社　文藝春秋

東京都千代田区紀尾井町 3-23　〒102-8008
ＴＥＬ　03・3265・1211
文藝春秋ホームページ　http://www.bunshun.co.jp
文春ウェブ文庫　http://www.bunshunplaza.com

落丁、乱丁本は、お手数ですが小社製作部宛お送り下さい。送料小社負担でお取替致します。

印刷・大日本印刷　製本・加藤製本

Printed in Japan
ISBN978-4-16-775311-5

文春文庫　最新刊

灰色のピーターパン 池袋ウエストゲートパークVI　石田衣良
盗撮映像売買で恐喝された小学生のSOSにマコトが駆ける

三国志 第一巻・第二巻　宮城谷昌光
後漢王朝の衰退と腐敗のなか、曹操・孫堅・劉備の青年期を描く

浜町河岸の生き神様 縮尻鏡三郎　佐藤雅美
大番屋元締・鏡三郎の家族に厄介ごとが起きて……

ハルカ・エイティ　姫野カオルコ
大正生まれの女主人公の、戦争と自由の時代の一代記

旅行鞄にはなびら　伊集院　静
ゴッホ・ゴヤ・シャガールなどの足跡を訪ねる紀行エッセイ

虹色にランドスケープ　熊谷達也
過去を負ってバイクに乗る男と彼を愛した女を描く連作短篇

宮尾本 **平家物語 一** 青龍之巻　宮尾登美子
若き清盛と女たちのドラマを描き込んだ歴史絵巻の超大作

棘《とげ》　勝目　梓
亡き妻、亡き夫、亡き友。官能と死を描く八つの短篇集

明るい夜　黒川　創
京都・鴨川べりに展開する、若くよるべない男女を描く長篇

声をなくして　永沢光雄
下咽頭ガンに罹った名インタビュアーの、遺作となった闘病記

東大で教えたマネー学　草間俊介　畑村洋太郎
現代を生き抜くための、お金との賢い付き合い方を伝授

やっぱりイギリス人はおかしい　高尾慶子
医者とのつきあい、自転車購入など、英国生活シリーズ第九弾

しんシン体操　室井　滋
美容と不思議の探求を、体をはって取材する痛快ルポ

史上最強のウイルス 12の警告 新型インフルエンザの脅威　岡田晴恵
各種インフルエンザの原因から対処法までを分かりやすく解説

鈴木亜久里の挫折 F1チーム破綻の真実　赤井邦彦
二〇〇八年にシーズン途中で撤退したスーパーアグリの真実とは

花のタネは真夏に播くな　水澤　潤
日本一の大投資家・竹田和平が語る旦那的投資哲学

いい加減にしろよ(笑)　日垣　隆
細木数子からNPOまで、許せないものを徹底鑑定

これでいいのだ 赤塚不二夫自叙伝　赤塚不二夫
『天才バカボン』『おそ松くん』の作者と家族の物語

極限捜査　オレン・スタインハウアー　村上博基訳
独裁政権下の殺人事件を捜査する刑事の、絶望的な戦い

魔術師《イリュージョニスト》 上下　ジェフリー・ディーヴァー　池田真紀子訳
華麗なイリュージョンを駆使する殺人犯に、ライムが挑む